MICHAEL KÖSTER

Die schönsten Biergärten im Revier

Biergartenführer Ruhrgebiet

KLARTEXT

IMPRESSUM

1. Auflage Juni 2011

Satz und Gestaltung:
Volker Pecher, Essen

Titelfoto:
Jagdhaus Schellenberg

Druck und Bindung:
Aalexx Buchproduktion GmbH, Großburgwedel

ISBN 978-3-8375-0367-8
www.klartext-verlag.de

VORWORT

Bierseelige Gedanken

Wer hätte gedacht, dass sich auch nördlich des Weißwurst-Äquators eine Biergarten-Kultur entwickeln kann? Vor zwei Jahrzehnten war es noch nahezu undenkbar, dass sich ein waschechter Bochumer, Duisburger oder Essener bei den ersten wärmenden Sonnenstrahlen im Frühling dazu berufen fühlte, im Auto oder per Fahrrad seine Lieblings-Oase anzusteuern, um dort unter freiem Himmel auf unbequemen Holzbänken Platz zu nehmen und sich zwei bis drei Pils zu genehmigen. Der wärmste April seit Menschengedenken hat jedoch eindrucksvoll gezeigt, dass auch der Ruhri sehr wohl kapiert hat, dass ein abendlicher Biergarten-Besuch nicht nur kommunikativ ist, sondern auch eine besondere Art von Lebensfreude erzeugt.

Die Bayern und von denen vor allem diejenigen, die München und sein Umland ihre Heimat nennen, haben in dieser Hinsicht allerdings noch immer einen satten Vorsprung. Kaum sind in der März-Sonne die letzten Schneereste auf den Stammtischen geschmolzen, da schwärmen sie aus, um unter weiß-blauem Himmel ihre Maß Helles oder ihre Weißbier-Halbe zu genießen. Mit Kind und Kegel rücken Familien am Wochenende an, Studenten und Schlipsträger prosten sich zu, Amerikaner und Asiaten verstehen sich prächtig, ohne die Sprache des anderen zu beherrschen. Dort im Freistaat wird eine mehr als 200 Jahre alte Tradition gehegt und gepflegt, jegliche Klassenschranken fallen mit dem Anstellen in der Schlange an der Schänke.

Quasi aus der Not heraus entstanden zu Beginn des 19. Jahrhunderts die ersten Biergärten. Da die Gärung des zumeist untergärigen Gebräus bei Temperaturen zwischen vier und acht Grad erfolgen musste, konnte nur in der kalten Jahreszeit gebraut werden. Damit ihr Bier jedoch auch im Sommer ausgeschenkt werden konnte, legten die Münchner Brauer in den Flusshängen der Isar tiefe Bierkeller an. Um die Durchschnittstemperatur des eisgekühlten Lagers weiter zu senken, streute man auf dem Boden des Hangs Kies und pflanzte Kastanien, die mit ihrem dichten Blätterwerk im Sommer Schatten spendeten.

Neben der reinen Lagerung wurden die Bierkeller bald auch für den Ausschank genutzt, indem man einfache Bänke und Tische unter die Bäume stellte. Dies führte dazu, dass diese Plätze bald ein beliebtes Ausflugsziel der Münchner wurden. Sehr zum Verdruss der kleineren Bierbrauer. Um der zunehmenden Abwanderung von Gästen entgegenzuwirken, verfügte König Ludwig I., dass die Bierkeller zwar weiterhin den Ausschank betreiben, jedoch keine Mahlzeiten servieren durften. Jeder, der dort essen wollte, musste die Speisen selbst mitbringen. Diese Verfügung ist inzwischen zwar nicht mehr gültig, doch ist es noch heute bei bayerischen Familien guter Brauch, mit einem prall gefüllten Korb im Biergarten einzufallen. Und so mancher Preuße staunt nicht schlecht, wie viele Delikatessen da plötzlich aufgetischt werden.

Diese Art von Kulturgut hat sich in unseren Breiten bisher noch nicht durchgesetzt, doch allein die stetig steigende Zahl der Biergärten zwischen Moers und Dortmund sowie zwischen Haltern und Wetter ist schon erstaunlich. Noch bemerkenswerter ist indes die Vielfalt der Freiluft-Oasen. Ob in den Rheinauen oder am Ruhrufer, ob mitten in der City oder im grünen Grenzgürtel, ob am Fuße eines Industriedenkmals oder im Schatten eines riesigen Einkaufszentrums – für jeden Biergarten-Freund dürfte etwas dabei sein. Und vielleicht hilft dieser Biergarten-Führer ja auch, die eine oder andere neue Liebe jenseits der eigenen Stadtgrenze zu entfachen. Na dann Prost!

Michael Köster

INHALTSVERZEICHNIS

DUISBURG

ESSEN

ÜBERSICHTSKARTE

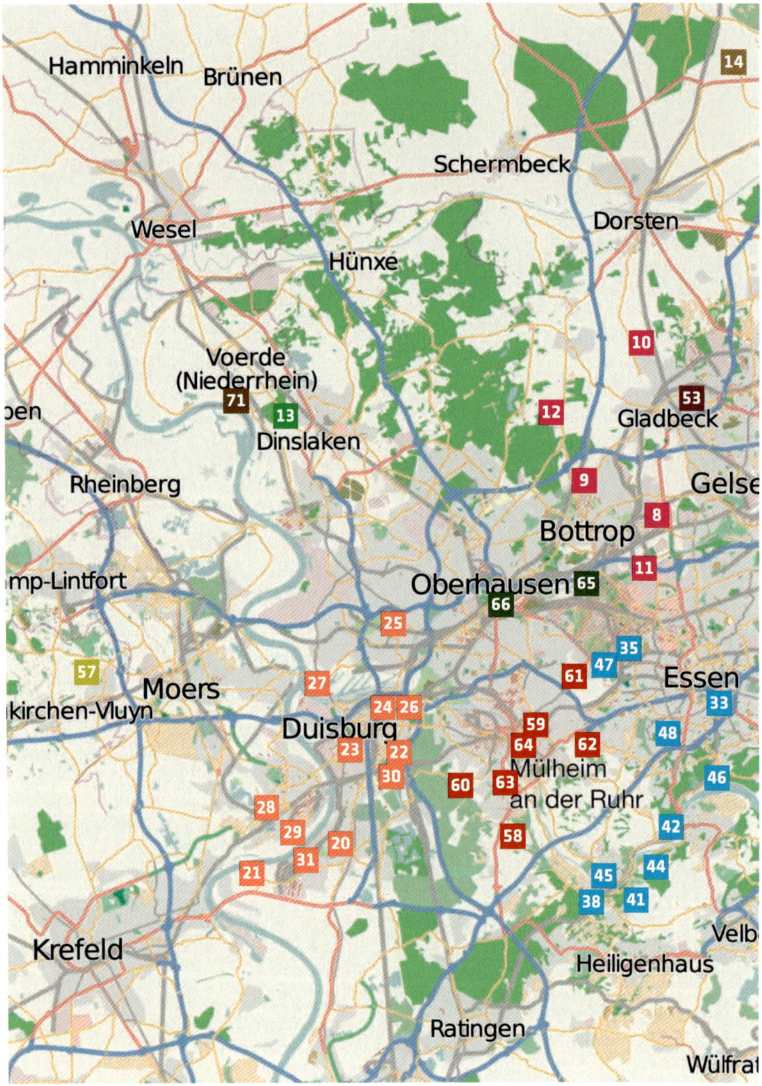

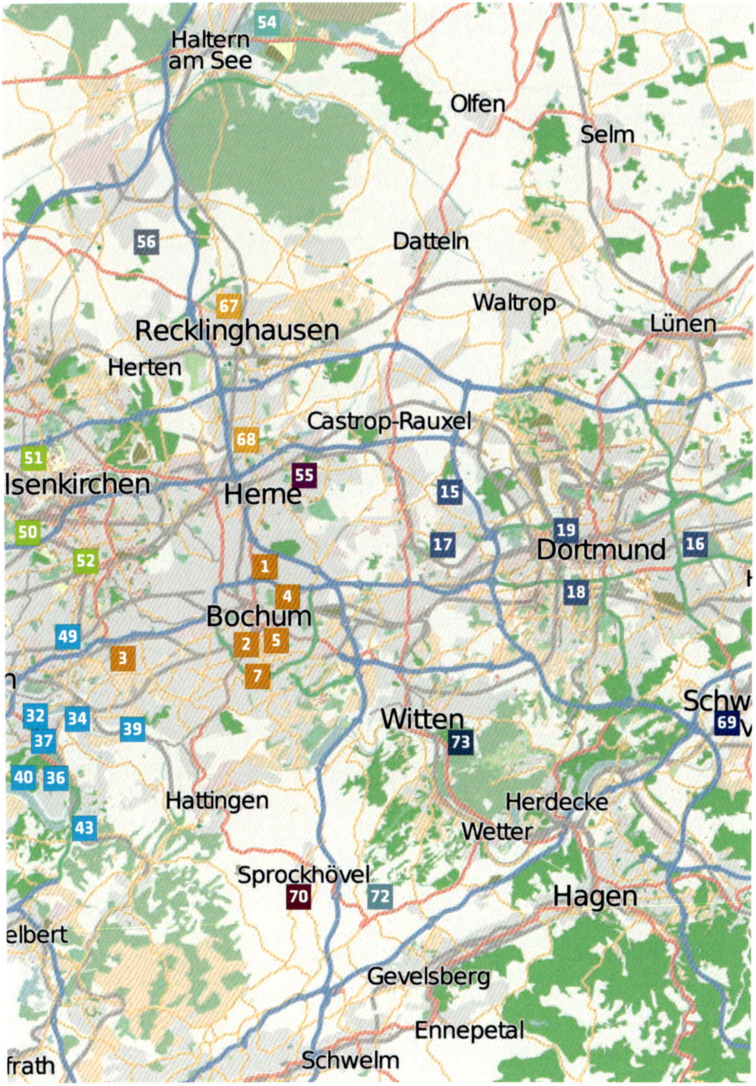
54
Haltern am See
Olfen
Selm
56
Datteln
67
Waltrop
Lünen
Recklinghausen
Herten
Castrop-Rauxel
68
51
55
lsenkirchen
Herne
15
50
19
17
Dortmund
16
52
1
18
4
Bochum
49
2
5
3
7
Schw
32
34
Witten
69
39
37
73
40
36
Hattingen
Herdecke
43
Wetter
Sprockhövel
70
72
Hagen
elbert
Gevelsberg
Ennepetal
frath
Schwelm

1 Gasthaus Goeke

Die viel befahrene A 40 ist kaum 500 Meter Luftlinie entfernt, doch von dem Verkehrslärm ist man im Grumbecktal weit weg. Ländliche Idylle ist angesagt an den Grummer Teichen, wo das historische Gasthaus Goeke eine lange Tradition als Gastbetrieb vorweisen kann. Schon vor mehr als 200 Jahren gab es hier eine Schankwirtschaft. Heute kommen all diejenigen, die gut und preiswert essen wollen, und das am liebsten im Biergarten vor dem alten Fachwerkhaus mit seinem alten Baumbestand.

Adresse | Josephinenstr. 65, 44807 Bochum, Tel. 0234/59 15 01, Fax 0234/950 31 59, gasthaus.goeke@t-online.de, www.gasthausgoeke.de
Öffnungszeiten | Di.–Sa. ab 17, So. ab 17 Uhr, Mo. Ruhetag
Sitzplätze | 150
Parkplatz | am Haus
Kinder | Spielplatz an den Teichen
ÖPNV | HS Tenthoffstr., 336, 353 (4 Min. Fußweg)
Bier | Fiege, Schlösser, Schneider
Spezialitäten | Krüstchen, Rumpsteak Karolinenglück

Tipp | Der nördlich der Bochumer Innenstadt gelegene, rund 150 Meter hohe Tippelsberg ist ein künstlich erhöhter Berg. Zwischen den Stadtteilen Riemke, Grumme und Bergen/Hiltrop erhebt sich ein Naturgebiet, das zum Spazieren, Bewundern, Entdecken, Spielen, Drachensteigen, Verweilen und Träumen einlädt. Bei klarer Sicht genießt man einen herrlichen Ausblick bis hinüber in die Nachbarstädte.

2 Hopfengarten

Der Name der Location lässt durchaus vermuten, dass an der B 51 das eine oder andere Bier getrunken wird, zumal an lauen Sommerabenden. Dann sind die 80 Plätze im Biergarten meist schnell besetzt. Allerdings hat Mirco Wuttig in seinem Hopfengarten weitaus mehr zu bieten als ein gut gekühltes Pils aus der Bochumer Heimatbrauerei. Das Restaurant steht für eine moderne und kreative deutsche Küche.

Adresse | Hattinger Str. 237, 44795 Bochum,
Tel. 0234/43 10 09, Fax 0234/452 40 21,
info@hopfengarten-bochum.de, www.hopfengarten-bochum.de
Öffnungszeiten | Mo.–So. 11.30–14.30 & 17.30–23 Uhr
Sitzplätze | 80
Parkplatz | gegenüber dem Haus
Kinder | kein Spielplatz
ÖPNV | HS Kohlenstr., 308, 318
Bier | Fiege, Schneider
Spezialitäten | Currywurst de luxe, Lammcurry

Tipp | Durch seinen vielfältigen Baumbestand ist der Rechener Park in Ehrenfeld schon eher ein kleines Waldgebiet als ein gewöhnlicher Park. Der erstaunlich dichte alte Buchenbestand ist dadurch zu erklären, dass der Park erst in den 1920er Jahren aus einem Wald entstand. Das heute im Park vorhandene Wegesystem wurde im Zuge dieser ersten Umgestaltung gebaut. Für Kinder bietet der Park an der Königsallee einen Spielplatz.

3 Kümmel Kopp

Am Hellweg, der 2000 Jahre alten Heerstraße, hat Gastlichkeit eine lange Tradition. Schon vor Jahrhunderten wurden im Kümmel Kopp die Gäste bewirtet, Reisende wie Wattenscheider, Händler ebenso wie Bauern. Heute ist das Restaurant in unmittelbarer Nähe der Essener Stadtgrenze bekannt für seine gute Küche und sein stilvolles Ambiente. Ein Besuch im nett eingedeckten Biergarten im Schatten der Pilgerkapelle lohnt sich besonders in den Abendstunden. Kleine Laternen auf den Tischen sorgen dann für eine besonders heimelige Atmosphäre.

Adresse | Wattenscheider Hellweg 249, 44867 Bochum,
Tel. 02327/83 56 85,
info@kuemmel-kopp.de, www.kuemmel-kopp.de
Öffnungszeiten | Di.–Sa. ab 17, So. ab 11.30 Uhr, Mo. Ruhetag
Sitzplätze | 80
Parkplatz | am Haus
Kinder | kein Spielplatz
ÖPNV | HS Stalleickenweg, 363
Bier | Bitburger, Warsteiner, Frankenheim
Spezialitäten | Currywurst-Gamba-Spieß, Lammcarrée mit Roquefortkruste

Tipp | Die Pilgerkapelle St. Bartholomäus im Wattenscheider Stadtteil Sevinghausen wurde 1395 erstmals urkundlich erwähnt. Sie gehörte zu einem Pilgerhaus und Hospital, das bereits um 1364 gestiftet, jedoch im Dreißigjährigen Krieg zerstört wurde. Hier konnten die Pilger übernachten, die über den Hellweg und den Jakobsweg zum Grabmal des Heiligen Jakobus in Santiago de Compostela in Spanien wanderten. Durch die Aufnahme des Hellwegs in das Netz der europäischen Jakobswege im Jahr 2010 gewann die Kapelle wieder an Bedeutung.

4 Strätlingshof

Die Wurzeln der Strätlings gehen zurück bis ins Mittelalter. Der Hof der Familie zählt zu den ältesten Gebäuden in Bochum, beide Teile des historischen Fachwerkhauses stehen unter Denkmalschutz. Eine Gastronomie gibt es allerdings erst seit 1996. Zuvor hatten die Strätlings ihre bis dahin als Wohnsitz genutzten Gebäude in dreijähriger Arbeit von Grund auf restaurieren lassen. Im Sommer sitzen die Gäste im lauschigen Biergarten unter altem Baumbestand, an Wochenenden findet bei schönem Wetter ein Barbecue statt.

Adresse | Altenbochumer Str. 64, 44803 Bochum,
Tel. 0234/93 50 405, Fax 0234/93 50 407,
info@straetlingshof.de, www.straetlingshof.de
Öffnungszeiten | Mo.–Fr. 12–15 & ab 18,
Sa. ab 16, So. 10.30–17 Uhr
Sitzplätze | 120
Parkplatz | am Haus
Kinder | kein Spielplatz
ÖPNV | HS Lohring, 302, 345 (3 Min. Fußweg)
Bier | Bitburger, König, Köstritzer, Fiege, Erdinger
Spezialitäten | Blutwurst-Gröstl, Wagyu-Steak

Tipp | Im Kulturhauptstadtjahr 2010 wurde die einstige katholische Pfarrkirche Christ König am Steinring zur Kunstkirche umgewidmet. Künstler aus Literatur, Musik und der Darstellenden sowie Bildenden Kunst werden im und mit dem imposanten Kirchenraum ihre Werke entwickeln und präsentieren. Sie thematisieren existentielle, spirituelle, ökonomische und ökologische Dimensionen des Themas „Wandlungen" in der Region als kritische Beobachter von innen und außen.

5 Suntums Hof

Am Ümminger See im Bochumer Süden ist die Rekonstruktion eines westfälischen Bauerngartens zu bewundern. Er schmückt Suntums Hof, dessen Geschichte bis ins Mittelalter reicht. Heute befindet sich hier einer der beliebtesten Biergärten der Stadt. Eigentlich sind es sogar zwei: Der erweiterte Wirtsgarten direkt am See ist erster Anlaufpunkt, um den Sommerabend in Ruhe ausklingen zu lassen, aber auch der kleine Ableger direkt an der Villa erfreut sich großer Beliebtheit.

Adresse | Ümminger See 11, 44803 Bochum,
Tel. 0234/92 70 884, Fax 0234/92 70 885
Öffnungszeiten | täglich ab 11 Uhr
Sitzplätze | 400
Parkplatz | am Haus
Kinder | Spielplatz
ÖPNV | HS Laerfeldstr., 345 (15 Min. Fußweg),
HS Gorch-Fock-Str., 372 (10 Min. Fußweg)
Bier | Fiege, Schneider
Spezialitäten | Schweinemedaillons, Pastagerichte

Tipp | Der Ümminger See ist ein modernes Naherholungsgebiet im Grünzug des Ölbachtals. Früher wurde darin das von umliegenden Zechen abgepumpte Grubenwasser aufgefangen und geklärt. Mitten im See ist eine kleine Insel, die den einheimischen Vögeln eine natürliche Umgebung zur Aufzucht des Nachwuchses bietet. Die Rollschuhbahn und der Schiffsverleih locken bei gutem Wetter die Sportler an den See. Kinder können sich auf dem großen Abenteuerspielplatz austoben.

6 Taverna Avli

In Griechenland findet das Leben in der Avli statt. Im Innenhof, so die Übersetzung, wird getrunken, gegessen, diskutiert, gefeiert. Hier spielt sich das wahre Leben ab. Wer nun nicht gleich den Flieger nach Kreta oder Korfu besteigen will, dem sei die Taverna Avli am Rande der Bochumer City empfohlen. Im landestypisch gestalteten Innenhof mit Brunnen, Amphoren, Oliven- und Zitronenbäumen genießen die Gäste nicht nur das Ambiente, sondern auch viele Köstlichkeiten der griechischen Küche, vor allem frischen Fisch.

Adresse | Luisenstr.14, 44787 Bochum,
Tel. 0234/640 47 78, Fax 0234/640 48 06,
info@avli.de, www.avli.de
Öffnungszeiten | täglich von 12 bis 23.30 Uhr
Sitzplätze | 100
Parkplatz | 70 m vom Haus entfernt
Kinder | kein Spielplatz
ÖPNV | HS Südring, 353, 394
Bier | Brinkhoff's, Schlösser, Schöfferhofer
Spezialitäten | frischer Fisch, Lammspezialitäten

Tipp | Die Jahrhunderthalle im neuen Westpark ist einer der Ankerpunkte der Route der Industriekultur und war einer der Hauptveranstaltungsorte im Kulturhauptstadt 2010. Sie wurde 1902 vom Bochumer Verein für die Düsseldorfer Industrie- und Gewerbeausstellung gebaut und anschließend als Gebläsemaschinenhalle für die Hochöfen des Bochumer Vereins verwendet. Seit ihrer Sanierung im Jahre 2003 wird sie für Rock- und Popkonzerte genutzt. Zudem findet hier die Ruhrtriennale statt.

7 Zum Wiesental

Wer den Bochumer Südring von West nach Ost (oder entgegengesetzt) befährt, um dem Stau auf der A 40 zu entgehen, der ahnt nicht, dass sich in Höhe der Untertunnelung der B 51 eine wirklich nette Grünoase befindet. Mitten im Park liegt das Restaurant Zum Wiesental der Familie Pennisi, in dem rustikale Gemütlichkeit auf schlichte Eleganz und anspruchsvolle mediterrane Küche auf bodenständige westfälische Spezialitäten trifft. Nicht nur das Freibad nebenan, auch der gemütliche Biergarten ist im Sommer Anlaufpunkt für Familien.

Adresse | Am Wiesengrund 18, 44795 Bochum,
Tel. 0234/33 82 700, Fax 0234/54 60 522,
S.A.G.A@freenet.de, www.cafe-wiesental.de
Öffnungszeiten | Mo.–Fr. ab 14, Sa. ab 13, So. ab 12 Uhr
Sitzplätze | 70
Parkplatz | 100 m vom Haus entfernt
Kinder | kein Spielplatz
ÖPNV | HS Drusenbergstr., 354
Bier | Fiege, Franziskaner, Erdinger
Spezialitäten | Rumpsteaks, Wiesentalpfanne

Tipp | Dem Restaurant vorgelagert liegt das Freibad Wiesental mitten im Grünen. Betreiber ist der SV Blau-Weiß Bochum, der das Bad 1950 in Eigenregie errichtete. 1979 wurde es aufwändig renoviert. Neben einem 50 Meter-Schwimmbecken bietet die Anlage auch ein Lehrschwimmbecken. Zur weiteren Entspannung stehen eine große Liegewiese sowie eine Terrasse zur Verfügung.

8 Alpincenter

Seit einem Jahrzehnt ist das Alpincenter auf einer Halde in Bottrop für Skisport begeisterte Ruhrgebietler, Niederrheiner und Niederländer wegen seiner wetterunabhängigen Bedingungen und wegen der kurzen Anfahrt eine echte Alternative. Zu All-Inklusive-Tarifen ab 25 Euro können Brettl-Artisten den ganzen Abend die 640 Meter lange und 30 Meter breite Indoor-Piste hinunterrutschen und sich anschließend am rustikalen Hüttenbuffet laben. Eine Sommerrodelbahn und ein Hochseilklettergarten steigern den Fun-Faktor. Im Sommer kommen allerdings auch viele Besucher zu Fuß oder mit dem Fahrrad hinauf zur Gipfelstation, um im Franziskaner-Biergarten alpenländisches Flair sowie einen grandiosen Ausblick aufs Revier zu genießen.

Adresse | Prosperstr. 299-301, 46238 Bottrop,
Tel. 02041/70 95 300, Fax 02041/70 95 152,
info@alpincenter.com, www.alpincenter.com
Öffnungszeiten | Mo.–Fr. 11–22, Sa. & So. 10–22
Sitzplätze | 450
Parkplatz | an der Talstation
Kinder | Spielplatz & Klettergerüst
ÖPNV | HS Alpincenter, 263
Bier | Krombacher, Frankenheim, Franziskaner
Spezialitäten | Gitschtaler Leberkäse mit Röstkartoffeln & Spiegelei, Brettl Jause

Tipp | Vom Biergarten des Alpincenters sieht man eine stählerne Pyramide. Das Haldenereignis Emscherblick, kurz Tetraeder, ist ein frei begehbarer Aussichtsturm auf der 120 Meter hohen Halde Beckstraße in Bottrop-Batenbrock. Die Stahl-Konstruktion mit einer Seitenlänge von 60 Metern ruht auf vier neun Meter hohen Betonpfeilern. Bei klarer Sicht kann man das Wahrzeichen der Stadt Bottrop vom Essener Hauptbahnhof aus erkennen.

9 Bahnhof Nord

Am Güterbahnhof Nord im Gewerbegebiet Eigen halten schon lange keine Züge mehr, und trotzdem herrscht nicht nur am Wochenende viel Verkehr. Längst ist das komplett restaurierte und stilvoll eingerichtete Bahnhofsgebäude eine angesagte Adresse für Feinschmecker. Kredenzt wird neben mediterranen Speisen und ausgesuchten Weinen auch ein Wohlfühl-Ambiente. Auf der mit Fackeln ausgestatteten Terrasse in der Abendsonne zu tafeln, hat etwas von Urlaub am Meer. „Der schönste Biergarten im Pott", urteilte der Marcellino's.

Adresse | Am Vorthbach 10, 46240 Bottrop, Tel. 02041/98 89 44, Fax 02041/98 89 45, info@bahnhofnord.de, www.bahnhofnord.de
Öffnungszeiten | Mi.–So. ab 18 Uhr, Mo. & Di. Ruhetag
Sitzplätze | 144
Parkplatz | am Haus
Kinder | kein Spielplatz
ÖPNV | HS Nordfriedhof, 267, SB 16 (5 Min. Fußweg)
Bier | König, Frankenheim, Erdinger
Spezialitäten | Salat mit Hähnchenstreifen, Wiener Schnitzel vom Kalb

Tipp | Nördlich der Bottroper Innenstadt befindet sich der Stadtgarten. Er wurde zwar schon 1913 geplant, aber erst 1921 nach Entwürfen der Stadtverwaltung im Stil eines englischen Landschaftsgartens angelegt. Im Laufe der Jahre wurde der heute 22,5 Hektar große Park mehrfach verändert, aber das charakteristische Bild der Gartengestaltung jener Epoche blieb erhalten. Besonders interessant wirkt der Stadtgarten durch den mannigfaltigen Wechsel von weiten Rasenflächen und abwechslungsreich bepflanzten Terrains.

10 Beisenbusch

Dass Kirchhellen bei der Gebietsreform in den 1970er Jahren zu Bottrop eingemeindet wurde, erscheint Bürgern aus Nachbarstädten noch heute schleierhaft, liegt doch der Stadtteil viel näher an Dorsten oder Gladbeck. Unmittelbar an der Gladbecker Stadtgrenze befindet sich das Haus Beisenbusch, das sich seit dem Kulturhauptstadt-Sommer 2010 in voll renoviertem und modernem Gewand präsentiert. Bei Spaziergängern und Radfahrern gleichermaßen sehr beliebt ist der Biergarten. Dort wartet man nicht auf Holzbänken, sondern in bequemen Gartenstühlen auf sein Erfrischungsgetränk.

Adresse | Dorstener Str. 22/I, 46244 Bottrop, Tel. 02045/41 46 37, Fax 02045/41 46 38, info@beisenbusch.de, www.beisenbusch.de
Öffnungszeiten | täglich 9–23 Uhr
Sitzplätze | 250
Parkplatz | am Haus
Kinder | Sandkasten
ÖPNV | HS Beisenbusch, 188
Bier | Brinkhoff's, Jever, Schlösser, Schöfferhofer
Spezialitäten | verschiedene Salate, Steaks

Tipp | Das Wasserschloss Haus Beck in Bottrop-Feldhausen gehört zu den am schönsten erhaltenen Spätbarock-Baudenkmälern Westfalens. In einer Parkanlage gelegen, wurde daraus nach der Restaurierung 1966 ein Märchen- und Erlebnisschloss mit See, Fahrgeschäften und Spielplätzen. Gleich nebenan befindet sich Warner's Movie World.

11 Bernepark

Der Strukturwandel im Ruhrgebiet hat auch den Südzipfel von Bottrop erreicht. Auf dem Gelände der ehemaligen Kläranlage in Ebel, wo bis 1997 Wasser in zwei kreisrunden Becken gefiltert wurde, ist eine märchenhafte Parklandschaft entstanden. Mittelpunkt des neuen Berneparks, der im Oktober 2010 eröffnet wurde, ist das ehemalige Maschinenhaus mit seiner Eventgastronomie inklusive Terrasse. Richtig heimelig wird's bei Einbruch der Dunkelheit, wenn Lichtinstallationen des Künstlers Mischa Kuball die ehemaligen Klärbecken in völlig neuem Glanz erstrahlen lassen. Wie eine Welle umläuft dann das Licht die Ränder der Becken.

Adresse | Ebelstr. 25a, 46242 Bottrop,
Tel. 02041/37 54 840, Fax 02041/37 54 842,
info@bernepark.de, www.bernepark.de
Öffnungszeiten | Di.–Do. & So. 11–22, Fr. & Sa. 11–24 Uhr
Sitzplätze | 60
Parkplatz | an der Straße
Kinder | Sandkasten, Rutschbahn und Klettergerüst
ÖPNV | HS Bergbaustr., 261
Bier | Stauder, Diebels, Schneider
Spezialitäten | Himmel und Erde, Currywurst auf moderne Art

Tipp | In unmittelbarer Nähe zum Bernepark verläuft der Emscherweg. Die rund 106 Kilometer lange Radtour von Holzwickede nach Dinslaken bietet vielseitige Einblicke in den jeweiligen Zustand der naturnahen Umgestaltung der Emscher. Zug um Zug werden der Fluss und seine Nebenläufe von ungeklärten Einleitungen befreit, die neuen geschlossenen Kanäle der Emschergenossenschaft transportieren das Abwasser dann zu den Kläranlagen. Spätestens 2014 soll die Emscher vollständig sauber sein.

12 Woodpecker's Roadhouse

Kaum schickt die Frühlingssonne die ersten Sonnenstrahlen zur Erde, da schwärmen sie schon aus, die schweren Jungs auf ihren dröhnenden Maschinen. Angesagtester Treffpunkt auf den ländlichen Biker-Routen des nördlichen Ruhrgebiets ist Woodpecker´s Roadhouse, eine typisch amerikanische Mischung aus Restaurant und Bar. Ein knarzender Holzboden, eine lange Theke, leuchtende Neons, ein original Bisonkopf an der Wand, ein Billardtisch – so stellt man sich eine Raststätte im mittleren Westen der USA vor. Am frühen Abend, wenn die Biker wieder davon brettern, nimmt plötzlich ein ganz anderes Publikum auf der Terrasse des Hauses oder in den beiden gegenüber liegenden Biergärten Platz und genießt den American Way of Life.

Adresse | Zur Grafenmühle 144-147, 46244 Bottrop,
Tel. 02045/41 00 48, Fax 02045/41 00 47,
info@woodpeckers-roadhouse.de,
www.woodpeckers-roadhouse.de
Öffnungszeiten | täglich ab 9 Uhr
Sitzplätze | 1.000
Parkplatz | an der Straße
Kinder | Spielplatz
ÖPNV | HS Vossundern, 251 (15 Min. Fußweg)
Bier | Woodpeckers Lager, Diebels, Beck's
Spezialitäten | Burger, Spare Ribs

Tipp | Schon vor Jahrzehnten hat sich Grafenmühle als Freizeitzentrum für Wochenendausflügler einen Namen gemacht. Auf dem Gelände liegen zwei große Teiche (bei Anglern sehr beliebt), drei Minigolf-Anlagen sowie Bogenschießstände, Mini-Car-Bahn, Trampoline und viele andere Attraktionen. Nicht weit entfernt beginnt das Naherholungsgebiet Kirchheller Heide mit dem großen Heidesee.

13 Haus Stapp bei Brinkmann

Alle Wege führen bekanntlich nach Rom, immerhin drei Fahrrad-Wege – die Niederreinroute, die Emscherroute und die Rotbachroute – führen am Haus Stapp vorbei. Das in der vierten Generation von der Familie Brinkmann geführte Lokal direkt am Rhein bietet alle Möglichkeiten, um von den Strapazen zu entspannen und den Akku für den Rückweg wieder aufzuladen. Bei schönem Wetter drängt es Radler und Spaziergänger auf die Sonnenterrasse, und fast jeder Hungrige bestellt ein Brathähnchen, das hier seit 1877 serviert wird. Das nennt man Tradition!

Adresse | Rheinaue 53, 46535 Dinslaken,
Tel. 02064/550 85,
info@haus-stapp.de, www.haus-stapp.de
Öffnungszeiten | Di.–Sa. ab 14, So. ab 10 Uhr, Mo. Ruhetag
Sitzplätze | 200
Parkplatz | am Haus
Kinder | kleiner Spielplatz
ÖPNV | HS Freesmann, 918 (10 Min. Fußweg)
Bier | König, Krombacher, Diebels, Erdinger
Spezialitäten | Halbes Hähnchen (seit 1877), Schnitzel

Tipp | Das Naturschutzgebiet Rheinaue Walsum bildet den südlichen Zipfel der Feuchtzone „Unterer Niederrhein". Auf seinen 521 Hektar bietet es zahlreichen vom Aussterben bedrohten Tier- und Pflanzenarten Zuflucht. Die Auenlandschaft wird von dornigen Hecken und den typisch niederrheinischen Kopfbäumen bestimmt. Bisher wurden 187 verschiedene Vogelarten als Brutvögel, Durchzügler und Wintergäste festgestellt. Besonders auffällig sind die bis zu 10.000 arktischen Bläss- und Saatgänse, die im Winter das Rheinvorland als Rast- und Äsungsplatz nutzen.

14 Zum Wiesental

Gastronomisch ist das kleine Städtchen Dorsten eine feste Größe im Ruhrgebiet. Gleich zwei Sternerestaurants – Goldener Anker und Rosin – machen eine Fahrt ins angehende Münsterland zu einem kulinarischen Erlebnistrip. Noch ein wenig nördlicher als der Gourmettempel von Frank Rosin liegt das alt bekannte Landhaus Zum Wiesental mitten im Grünen. Vor einem Jahr übernahm die Familie Pastewsky das Wirtshaus, seitdem kommen die Gäste selbst von weit her, um im Biergarten westfälische Spezialitäten wie den selbst gemachten Panhas der Wirtin zu probieren.

Adresse | Wiesental 1, 46286 Dorsten,
Tel. 02369/76612, 0151/28447853,
info@wiesental-lembeck.de, www.zum-wiesental.de
Öffnungszeiten | Mo.–Fr. ab 11, Sa. & So. ab 10 Uhr
Sitzplätze | 80
Parkplatz | am Haus
Kinder | Sandkasten und Rutschbahn
ÖPNV | HS Ernéeweg, 208 (10 Min. Fußweg)
Bier | Bitburger, Veltins, Diebels, Erdinger
Spezialitäten | Pfefferpotthast, Panhas mit Bratkartoffeln

Tipp | Umgeben von Wäldern, Wiesen und Feldern des Naturparks Hohe Mark liegt das Wasserschloss Lembeck. Der Schlossname „Lembeck“ leitet sich aus dem Niederdeutschen her. Man kann ihn als „Lehmbach“ übersetzen, was auf den einstigen Standort des Schlosses inmitten eines Sumpf- und Moorgebietes hindeutet. Dietrich Conrad Adolf von Westerhold-Hackfurt ließ in der Zeit von 1670 bis 1692 die Anlage zu einem der größten Wasserschlösser des Münsterlandes aus- und umbauen. Im Haus untergebracht sind das Schlossmuseum, das Heimatmuseum sowie die Merveldt-Galerie.

15 Café Erdmann

„Eine Art Woodstock – nur ruhiger und gesitteter", lautet ein Urteil über das Café Erdmann. Mitten im Dortmunder Westpark, am Klinkerhäuschen gegenüber dem Stadtmuseum, treffen sich mittags die Familien des angrenzenden Kreuzviertels unter uralten Kastanien. Abends fällt dann das Szenevolk ein, vor allem, wenn Livemusik angesagt ist. Auf der Open-Air-Tanzfläche herrscht allerdings auch an Salsa-Abenden dichtes Gedränge, auf den beiden Boule-Bahnen geht es eher ruhiger zu. Und wenn am Wochenende der BVB spielt, ist die aufblasbare, 25 Quadratmeter große Leinwand die Hauptattraktion.

Adresse | Rittershausstr. 40 (am Westpark), 44137 Dortmund, Tel. 0231/16 00 78, info@cafe-erdmann-dortmund.de, www.cafe-erdmann-dortmund.de
Öffnungszeiten | täglich ab 10 Uhr
Sitzplätze | 400
Parkplatz | am Haus
Kinder | Sandkasten
ÖPNV | Möllerbrücke, S 4, U 42
Bier | Brinkhoff's, Herforder, Frankenheim, König Ludwig
Spezialitäten | Bratwurst, Steaks

Tipp | Der Westpark wurde ursprünglich 1811 als Westentotenhof (Friedhof außerhalb der Stadtmauern) eingerichtet und 1912 in einen Park umgewandelt. Die alten Grabsteine sind heute zum Teil noch vorhanden und zeigen die verwitternden Namen vieler bekannter Dortmunder Familien. Am nördlichen Parkeingang steht das ursprünglich vor dem Bahnhof der Köln-Mindener Eisenbahn gelegene Kriegerdenkmal. Es erinnert an die Dortmunder Soldaten, die 1866 in der Schlacht bei Königgrätz gefallen waren. Im Park versteckt gibt es ein weiteres Ehrenmal für sechs Opfer der französischen Ruhrbesetzung.

16 Kronen an der Rennbahn

Seit 1913 ist die Galopprennbahn in Wambel zumindest für Dortmunder das Mekka des Pferdesports. Für viele ist aber auch der Biergarten, der sich im Innenbereich des Rennbahn-Parks unter Jahrhunderte alten Schatten spendenden Kastanien befindet, eine echte Attraktion. Allerdings war die urgemütliche Freiluft-Oase zuletzt doch in die Jahre gekommen. Deshalb haben die neuen Betreiber Isabella und Erich Janik im Frühjahr alles abreißen und den Kiesbereich vor dem Fachwerkhaus neu gestalten lassen. Natürlich in der Hoffnung, dass künftig noch mehr Biergarten-Freunde das Oval in Wambel ansteuern und der Gerstensaft an den Zapfstellen in Strömen fließt.

Adresse | Rennweg, 44143 Dortmund, Tel. 0163/3776626 (Büro), office@buero-janik.de, www.janiks-biergarten.de
Öffnungszeiten | Di., Mi., Fr. & Sa. ab 15, Do. ab 9, So. ab 11 Uhr
Sitzplätze | 700
Parkplatz | am Haus
Kinder | Spielplatz
ÖPNV | HS Rennbahn, 427
Bier | Kronen, Brinkhoff's, Hövels, Heinecken, Zywiec
Spezialitäten | Bratwurst, Flammkuchen

Tipp | Auf der Galopprennbahn in Dortmund-Wambel ist immer Saison. Von November bis März wird auf der 1981 neu eröffneten Allwetterbahn unter Flutlicht geritten, von April bis Oktober finden die Rennen auf Gras statt. Regelmäßig finden auf der Anlage auch Antik-, Sammler- und Trödelmärkte sowie im Sommer Musikveranstaltungen auf der Open-Air-Bühne statt.

17 Pferdestall

Das „Schloss der Arbeit" im äußersten Westzipfel Dortmunds mit dem Jugendstilportal der Maschinenhalle gilt als eines der schönsten und außergewöhnlichsten Zeugnisse der industriellen Vergangenheit in Deutschland. Sein Besuch steht ganz weit oben auf der Besichtigungsliste von Ruhrpott-Touristen, die sich auf Spurensuche begeben. Und die sind zumeist begeistert, dass sich auf dem Gelände mit dem Pferdestall eine attraktive Gastronomie inklusive Biergarten befindet. Christian und Dirk Kneis bieten neben westfälischen Spezialitäten auch ein eigens für den ehemaligen Industriestandort gebrautes Dunkelbier an.

Adresse | Grubenweg 5, 44388 Dortmund,
Tel. 0231/690 32 36, Fax 0231/690 32 35,
pferdestallwim@aol.com, www.pferdestallwim.de
Öffnungszeiten | Di. & So. 12–19, Mi.–Sa. 12–24 Uhr, Mo. Ruhetag
Sitzplätze | 130
Parkplatz | am Haus
Kinder | Spielplatz
ÖPNV | HS Industriemuseum Zollern, 462
Bier | Warsteiner, Zollern Dunkel, König Ludwig
Spezialitäten | Dortmunder Rostbraten, Panhas

Tipp | Die ehemalige Zeche Zollern, zwischen 1898 und 1904 als Prestigeobjekt der Gelsenkirchener Bergwerks AG entstanden und 1966 stillgelegt, ist heute ein Museum der Sozial- und Kulturgeschichte des Ruhrbergbaus. Prunkvolle Backsteinfassaden und opulente Giebel mit Zinnenkranz und Ecktürmchen rund um den grünen Ehrenhof erinnern auf den ersten Blick eher an eine Adelsresidenz als an eine Schachtanlage, auf der Kohle gefördert wurde.

18 Strobels

Im Schatten des riesigen Signal Iduna Parks lassen es sich die BVB-Fans nach Siegen besonders gern gut gehen und ölen mit Bier vom Fass ihre Sangeskehlen. Allerdings ist das Strobels, benannt nach der Stadion-Allee, nicht nur eine Biergarten-Institution, sondern auch Austragungsort für Live-Acts. Für Rock-Veteranen wie Mother's Finest oder Eric Burdon ist die Arena längst ein bis zwei Nummern zu groß, doch vor deren Toren lässt es sich auch gut einheizen. Zu solchen Anlässen wird dann das Grillhaus geöffnet.

Adresse | Strobelallee 50, 44135 Dortmund,
Tel. 0231/999 50 60, Fax 0231/999 50 618,
info@strobels-dortmund.de, www.strobels-dortmund.de
Öffnungszeiten | Mo.–Do., 11–1 Uhr,
Fr.–Sa., 11–3 Uhr, So., 11–22 Uhr
Sitzplätze | 150
Parkplatz | an der Straße
Kinder | kein Spielplatz
ÖPNV | HS Westfalenhallen, U 45, U 46,
HS Theodor-Fiedler-Heim, U 42
Bier | Warsteiner, Frankenheim, König Ludwig
Spezialitäten | Panini Spezial, Strobel Schranke

Tipp | Mit einem Fassungsvermögen von 80.720 Zuschauern ist der Signal Iduna Park, Heimat des Ballspiel-Vereins Borussia 09 Dortmund, das größte Stadion in Deutschland. Zur Fußball-Weltmeisterschaft 1974 in Deutschland mit einem Fassungsvermögen von knapp 54.000 Besuchern erbaut, wurde die Arena in den 1990er Jahren, als der BVB zweimal in Folge Deutscher Meister und dann auch noch Champions-League-Sieger wurde, stetig erweitert und schließlich 2005 umbenannt.

19 Tante Amanda

Im äußersten Nordwesten von Dortmund nahe der Autobahn 45 liegt das Restaurant von Tante Amanda, das auf eine lange Geschichte zurückblickt. Das heutige Gasthaus war einst ein Bauernhof, der das erste Garten-Restaurant im Umkreis führte. Heute ist das Fachwerkhaus mit seinem mit Blumenampeln und bunten Töpfen hübsch dekorierten Biergarten ein beliebter Rastplatz für Radtouristen und Wanderer, vor allem für Familien bietet der Hof ein Rundum-Wohlfühlpaket. Bei Jung und Alt gleichermaßen beliebt ist die Tischminigolf-Anlage mit 18 Bahnen.

Adresse | Mosselde 149, 44357 Dortmund,
Tel. 0231/37 22 30, Fax 0231/37 22 01,
info@tante-amanda.de, www.tante-amanda.de
Öffnungszeiten | täglich 12–24 Uhr
Sitzplätze | 600
Parkplatz | am Haus
Kinder | großer Spielplatz, Elektroautos, Tischminigolf
ÖPNV | HS Brietenstr., 470, HS Westerfilde,
S 2 (15 Min. Fußweg)
Bier | Brinkhoff's, Jever, Hövels, Schlösser, Schöfferhofer
Spezialitäten | Flammkuchen, Sparerribs, Drillinge

Tipp | In unmittelbarer Nachbarschaft des Gasthauses liegt, eingebettet in eine Landschaft mit sanften Wiesentälern, der Golfplatz des Golf-Clubs Castrop-Rauxel mit einem 18-Loch- und einem 9-Loch-Greenfee. Die riesige Terrasse des Restaurants bietet einen phantastischen Überblick über das Gelände der neun Löcher bis hinunter ins Wollental.

20 Biegerpark

Heerscharen von Eltern mit Kindern aus Angerhausen, Wanheim oder Buchholz verlassen an Nachmittagen bei sonnigem Wetter ihre Mietwohnungen und marschieren in den nahe gelegenen Biegerpark. Für die Enten auf dem Wasser haben die Kleinen nur einen kurzen Blick übrig. Vielmehr interessiert sie der tolle Abenteuerspielplatz. Unterdessen machen es sich die Erwachsenen gleich nebenan auf den grünen Holzbänken bequem, die dort einfach auf die große Wiese platziert wurden, und beobachten bei kühlen Getränken zu zivilen Preisen das rege Treiben. Jeden Samstag gibt's Biergarten-Bingo, dazu Livemusik oder Jazzfrühschoppen.

Adresse | Angertaler Str. 99, 47249 Duisburg, Tel. 0171/27 28 622, biergarten-biegerpark@live.de, www.biergarten-biegerpark.de
Öffnungszeiten | Mo.–Sa. 15–24, So. 11–24 Uhr
Sitzplätze | 300
Parkplatz | am Rande des Parks
Kinder | Abenteuerspielplatz mit Wasserpumpe
ÖPNV | HS Bergische Landwehr, 942 (5 Min. Fußweg)
Bier | Königsbacher, Diebels, Krombacher
Spezialitäten | Nackensteaks, selbstgebackene Brezel

Tipp | In der Nähe des Biegerparks liegen drei Seen, darunter der Großenbaumer. Der Natursee bietet die Annehmlichkeiten eines Freibades. Im Wasser befinden sich zwei kleine Inseln mit Rutsche. Der Badebereich ist durch Bojen klar vom übrigen Teil des Sees abgetrennt, denn hier finden auch Angler ihr Dorado.

21 Bootshaus Ehingen

Scheinbar endlos erscheint der Weg entlang des riesigen Hüttenwerks von Krupp Mannesmann, Rangierbahnhöfe und Hochöfen bestimmen minutenlang das Bild in Duisburgs südwestlichstem Zipfel. Kurz vor der Überfahrt nach Krefeld-Uerdingen, das Bayer-Kreuz schon im Blick, gibt es allerdings noch die Enklave Ehingen. Dort, am Rhein-Kilometer 768,5, liegt das Bootshaus der Freien Wasserfreunde mit seiner Terrasse. Ein Geheimtipp für all diejenigen Radler und Tagesausfügler, die dem Vater aller deutschen Gewässer bei einem kühlen Bier und gutbürgerlichen Speisen ganz nah sein wollen.

Adresse | Hirtenweg 6, 47259 Duisburg,
Tel. 0203/58 14 14,
info@bootshaus-ehingen.com, www.bootshaus-ehingen.com
Öffnungszeiten | täglich 10–23 Uhr
Sitzplätze | 100
Parkplatz | am Haus
Kinder | kein Spielplatz
ÖPNV | HS Ehingen Denkmal, 941
Bier | König, Diebels, Früh, Erdinger
Spezialitäten | Endivien untereinander, Eintöpfe

Tipp | Die Hüttenwerke Krupp Mannesmann bestimmen das Stadtbild im Duisburger Südwesten. Den Anstoß zur Entwicklung von Hüttenheim gab die Essener Blechwalzfabrik Schulz & Knaudt, die 1908 den Beschluss fasste, in dem Bereich um Haus Angerort südlich von Angerhausen ein Stahlwerk zu bauen. 1914 fusionierte die Schulz-Knaudt AG mit den Mannesmannröhren-Werken. In Alt-Hüttenheim leben inzwischen viele türkische Mitbürger islamischen Glaubens. Seit August 2007 hat Hüttenheim kein christliches Gotteshaus mehr. Sowohl die evangelische als auch die katholische Kirche sind geschlossen worden.

22 Café Steinbruch

Früher war hier eine Kneipe für hungrige Malocher, die nach ihrer Arbeit im gegenüber liegenden Steinbruch ein gutes Essen und viel zu trinken bekamen. 1990 wurde das Café komplett entkernt, Biergarten und Konzert-Saal kamen hinzu, und die Arbeiterklasse war plötzlich nicht mehr unter sich. Junge und Alte, Studenten und Rentner, Biker und Radler sowie vor allem Familien mit Kindern hocken im Freien beisammen. Ob Konzerte, Partys, Reiseberichte oder Vernissagen – im Steinbruch ist immer was los.

Adresse | Lotharstr. 318-320, 47057 Duisburg,
Tel. 0203/36 32 882,
www.cafe-steinbruch.de
Öffnungszeiten | So.–Do. 9–1, Fr. & Sa. 9–3 Uhr
Sitzplätze | 250
Parkplatz | am Haus
Kinder | Schaukel, Sandkasten und Rutschbahn
ÖPNV | HS Sportpark, 924 (5 Min. Fußweg),
HS Lenaustr., 933 (10 Min. Fußweg)
Bier | König, Diebels, Hofbräu, Erdinger
Spezialitäten | Bratkartoffeln mit Spiegelei und Speck,
Hausgemachtes Chili

Tipp | Der Duisburger Stadtwald, auf der anderen Seite der A3, bildet zusammen mit dem Broich-Speldorfer Wald, der Huckinger Mark und der Grindsmark ein etwa 30 Quadratkilometer großes zusammenhängendes Waldgebiet zwischen den Städten Duisburg und Mülheim. Im Stadtwald befindet sich ein Waldlehrpfad. Auf 45 Tafeln werden die Hauptholzarten des Duisburger Waldes, forstliche Tätigkeiten und Begriffe aus dem Waldbau erklärt. Den Stadtwald als „Kunstraum" vermitteln die fünf Skulpturen der Duisburger Bildhauerin Regina Bartholme, die sich am Wegesrand finden.

23 Diebels im Innenhafen

Im Zuge des Strukturwandels im Duisburger Innenhafen zur Jahrtausendwende hat die Issumer Diebels-Brauerei die ehemalige Wehrhahnmühle, die ursprünglich als Getreidespeicher diente, in eine Brauereiwirtschaft umgewandelt. Auch hier wird das Altbier auf traditionelle Art direkt vom Stichfass gezapft. Die Fässer werden mit Hilfe eines speziellen Schienensystems direkt an die Theke gefahren und dort angeschlagen. Hauptattraktion des Hauses ist der Ponton-Biergarten. Bis zu 180 Personen können direkt auf dem Wasser eine besondere Innenhafen-Atmosphäre erleben.

Adresse | Philosophenweg 31-33, 47051 Duisburg, Tel. 0203/346 68 11, Fax 0203/346 68 12, diebelsimhafen@accente-diebels.de, www.diebelsimhafen.de
Öffnungszeiten | Mo.–Sa. ab 12, So. ab 10 Uhr
Sitzplätze | 300
Parkplatz | an der Stresemannstraße
Kinder | kein Spielplatz
ÖPNV | HS Innenhafen, 934
Bier | Diebels, Franziskaner, Beck's
Spezialitäten | Brauhauskrüstchen, Currywurst

Tipp | Der Duisburger Innenhafen war seit Ende des 19. Jahrhunderts eine Hochburg der Getreideindustrie. Auch „Brotkorb des Ruhrgebietes" genannt, wurde von hier die Versorgung des zunehmend industrialisierten Ruhrgebietes mit Grundnahrungsmitteln sichergestellt. Seit Mitte der 1960er Jahre verlor der Hafen an Bedeutung und lag für 20 Jahre brach, ehe Mitte der 1990er Jahre ein mustergültiger Strukturwandel einsetzte. Längst hat sich der Innenhafen zu einem Ort entwickelt, der Arbeiten, Wohnen, Kultur und Freizeit am Wasser verbindet. 20 Gastronomiebetriebe sind dort angesiedelt.

24 Jedermann

Nomen est omen: Das älteste Gasthaus von Duisburg-Neudorf, 1877 als „Schenkwirtschaft zur Linde von Johann Bütefür" eröffnet, steht für jedermann offen und vereint Tradition und Moderne. Ein attraktives gastronomisches Angebot, ein umfangreiches Veranstaltungsprogramm und nicht zuletzt der Biergarten mit seinem alten Baumbestand machen die Location zu einem bürgerlichen Treffpunkt. Die Bushaltestelle ist direkt vor der Tür, und dank eines Außenausschanks muss niemand allzu lange auf sein Bier warten.

Adresse | Koloniestr. 99, 47057 Duisburg,
Tel. 0203/71 37 77 83,
info@jedermann-duisburg.de, www.jedermann-duisburg.de
Öffnungszeiten | Mo.–Fr. ab 17, Sa. ab 15, So. ab 10 Uhr
Sitzplätze | 150
Parkplatz | am Haus
Kinder | kein Spielplatz
ÖPNV | HS Koloniestr., 934
Bier | König, Diebels, Hofbräu, Köstritzer, Guinness, Kilkenny
Spezialitäten | Pasta, Schnitzel und Steaks (mit Vornamen)

Tipp | Das Jedermann liegt im Duisburger Univiertel. 1972 wurde die Gesamthochschule Duisburg mit Hauptsitz an der Lotharstraße gegründet. 1980 erhielt sie den Namen Universität-Gesamthochschule Duisburg, 1994 beschloss der Senat der Uni die Umbenennung in Gerhard-Mercator-Universität. Am 1. Januar 2003 erfolgte die Fusion mit der Universität-Gesamthochschule Essen zur der Universität Duisburg-Essen (UDE) mit mehr als 33.000 Studenten. Markantestes Gebäude sind die „Keksdosen" an der Mülheimer Straße.

25 Hauptschalthaus

Der einzigartige Blick auf die imposante Kulisse eines echten Hüttenwerks im Landschaftspark Nord ist ein Pfund, mit dem die Betreibergesellschaft SIM auch nach dem Kulturhauptstadtjahr wuchern kann. Allerdings hat auch das Hauptschalthaus einen gewissen Kultstatus erreicht. Rotbraunes Mobiliar, raffinierte Beleuchtung, originales Interieur und reichlich Patina verleihen dem Bistro den eigenwilligen Charme einer Industrielounge. Cool, aber keineswegs kühl. Angesichts der Kulisse sind Terrassenplätze an lauen Sommerabenden natürlich heiß begehrt.

Adresse | Emscherstr. 71, 47137 Duisburg,
Tel. 0203/41 79 91 80, Fax 0203/41 79 91 83,
info@sim-gastronomie.de, www.hauptschalthaus.de
Öffnungszeiten | Di.–So. 11–24 Uhr, Mo. Ruhetag
Sitzplätze | 200
Parkplatz | an der Straße
Kinder | Schaukel und Klettergerüst
ÖPNV | HS Landschaftspark Nord, 903 (5 Min. Fußweg)
Bier | König, Duckstein, Erdinger
Spezialitäten | Currywurst, Salat mit Gambas

Tipp | Seit 1990 besitzt die Sektion Duisburg des Deutschen Alpenvereins einen eigenen Klettergarten in den Bunkeranlagen des Landschaftsparks Nord. Leider dürfen dort nur Alpinisten des Deutschen Alpenvereins klettern. Für alle Tauchbegeisterten offen ist das Tauch-Revier Gasometer (ebenfalls im Landschaftspark). Neben passionierten Tauchsportlern können hier auch Anfänger im Rahmen eines zweistündigen Schnupperkurses bis in die Tiefe von vier Metern unter Wasser gehen.

26 Lindenwirtin

Das pittoreske Fachwerkhaus nahe der Universität, wahrscheinlich 1728 erbaut, gehört zu den ältesten noch vorhandenen Bauwerken in Duisburg und steht unter Denkmalschutz. 1934 hat die Familie Herbertz zunächst das Café Eisgarten eröffnet. Daraus wurde später die Lindenwirtin, die von Karl Herbertz inzwischen in vierter Generation geführt wird. Nicht nur für die Studenten von gegenüber ist der Biergarten an warmen Tagen ein beliebter Treffpunkt. Im Schatten der hohen Linden genießen Menschen aller Altersklassen ihr Bier. Und sollte es abends doch zu kühl werden, stellt der Wirt warme Kuscheldecken zur Verfügung.

Adresse | Mülheimer Str. 203, 47058 Duisburg,
Tel. 0203/33 33 70, Fax 0203/346 37 62
lindenwirtin@t-online.de, www.duisburgs-lindenwirtin.de
Öffnungszeiten | So.–Fr. ab 11 Uhr, Sa. Ruhetag
Sitzplätze | 220
Parkplatz | an der Straße
Kinder | kein Spielplatz
ÖPNV | HS Zoo/Uni, 901 (3 Min. Fußweg)
Bier | König, Diebels, Erdinger
Spezialitäten | Schnitzel aller Art

Tipp | Immer noch ein Anziehungspunkt für Alt und Jung ist der Duisburger Zoo. Zurzeit leben in dem Areal 2.179 Tiere in 274 Arten. Das Highlight ist weiterhin das Delfinarium, eines der größten überdachten Gelände in Europa. Beliebt ist auch der Abendspaziergang mit den Tierpflegern, der aber vorher angemeldet werden muss.

27 Mühlenweide

Am Fuße der Friedrich-Ebert-Brücke, die den Rhein zwischen Ruhrort und Homberg überspannt, liegt die Mühlenweide. Vor allem am Wochenende sowie an Feiertagen trifft man unzählige Menschen, die am Fluss spazieren gehen, Schiffe beobachten und gern im Biergarten auf der grünen Wiese einkehren. Im Sommer finden auf der Mühlenweide regelmäßig Hafenkonzerte und Trödelmärkte statt. Direkt am Biergarten steht die Statue des Nikolaus, Schutzpatron der Schiffsreisenden. Für viele Duisburger ist sie ein inoffizieller Hochwasserpegel. Der Volksmund sagt: „Wenn der Nikolaus nasse Füße bekommt, dann stehen auch bald die ersten Keller in Ruhrort unter Wasser."

Adresse | Dammstr., 47119 Duisburg,
Tel. 0203/93 54 690, Fax 0203/93 54 69 30,
www.sevengastro.de
Öffnungszeiten | täglich ab 10 Uhr
Sitzplätze | 250
Parkplatz | an der Straße
Kinder | kein Spielplatz
ÖPNV | HS Friedrichsplatz, 901 (10 Min. Fußweg)
Bier | König, Diebels, Erdinger
Spezialitäten | Schaschlik, halbes Hähnchen

Tipp | Die Schifffahrts-Geschichte von der Steinzeit bis zur Gegenwart wird im Binnenschifffahrts-Museum in Duisburg-Ruhrort mit vielen detailgetreuen Modellen und zahlreichen Exponaten zum Anfassen gezeigt. Nach dem Museumsbesuch locken noch die Museumsschiffe „Oscar Huber“ und „Minden“, die an der Promenade vor Anker liegen. Vor allem das Museumsschiff „Oscar Huber“, 1922 gebaut, ist ein einzigartiges Kulturdenkmal, in dem sowohl der Maschinenraum als auch die ehemaligen Mannschafts- und Wohnräume zugänglich sind.

28 Schroeder's Tafelfreuden

Bei dem Namen denkt man unweigerlich an einen gediegenen Feinschmecker-Tempel. Schroeder's Tafelfreuden ist jedoch eher ein Ausflugsrestaurant für die ganze Familie, das Nicht-Duisburger so am Stahl-Standort Rheinhausen sicher nicht erwarten. Der Blick von der Terrasse auf den Toeppersee mit seinem kleinen Yachthafen lässt Urlaubsträume reifen, die durch die Tapas-Auswahl des Hauses noch einmal gesteigert werden. Eine interessante Alternative für Frühaufsteher ist der Strand vor dem Haus. Wie auf Sylt kann man dort im Strandkorb relaxen und das erste Kaltgetränk zu sich nehmen.

Adresse | Borgschenweg 11a, 47239 Duisburg,
Tel. 02151/40 29 05,
info@schroeders-tafelfreuden.de,
www.schroeders-tafelfreuden.de
Öffnungszeiten | Di.–Fr. ab 18, Sa. ab 12,
So. ab 10 Uhr, Mo. Ruhetag
Sitzplätze | 80 (inkl. Strand)
Parkplatz | am Haus
Kinder | kein Spielplatz
ÖPNV | HS DU-Rumeln Bf, 923, NWB (5 Min. Fußweg)
Bier | Bitburger, Diebels, Früh, Erdinger
Spezialitäten | Tapasteller,
eingelegter hausgemachter Schafskäse

Tipp | Die Wassersportanlage Toeppersee bietet täglich Anfänger-Wasserskikurse für Einzelpersonen oder Gruppen an. Wem es nicht nach dem nassen Vergnügen ist, der kann auf 15 Original-Berg-Go-Karts die Gegend unsicher machen oder auf dem Pit-Pat Parcours an 18 Tischen Hindernisse mit viel Geschick und vier verschieden farbigen Kugeln überwinden. Hierbei muss man mit einem Queue wie beim Billard die Kugel ins Loch befördern.

29 Schumachers

Im linksrheinischen Friemersheim, nur wenige hundert Meter entfernt vom riesigen Rheinhauser Hüttenwerk, duftet es nach historisch-dörflicher Idylle. Der Biergarten des Hauses Schumachers am Rande des Naturschutzgebietes Rheinaue-Friemersheim mit seinem uralten Baumbestand und dem Blick auf den grünen Kirchanger mit Dorfkirche und Rheindamm könnte auch im tiefsten Oberbayern kaum malerischer sein. Dem Naturschutz-Gedanken entsprechend steht das Haus für Slow Food. Eingekauft wird bei privaten Erzeugern aus der Nachbarschaft.

Adresse | Friemersheimer Str. 23, 47229 Duisburg, Tel. 02065/497 38, Fax 02065/470 15, www.restaurant-schumachers.de
Öffnungszeiten | Mi.–Sa. ab 18, So. ab 12 Uhr
Sitzplätze | 100
Parkplatz | am Haus
Kinder | kein Spielplatz
ÖPNV | HS Dahlingstr., 914, 434
Bier | Warsteiner, Gleumels, Franziskaner
Spezialitäten | Lammhaxe, Speckpfannkuchen

Tipp | Der nahe gelegene Kruppsee ist Baggersee und Schwimmbad zugleich. Denn neben dem See bietet das Freibad auch das klassische Schwimmbecken, hellblau gekachelt. Der Kruppsee selbst hat ein recht steil abfallendes Ufer, so dass er nur für geübte Schwimmer geeignet ist. See wie Schwimmbecken werden allerdings bademeisterlich bewacht, für müde Körper und lahme Geister gibt es Erfrischungen am Kiosk.

30 Seehaus

Zwischen der Kanu-Regattastrecke und der schmucken Schauinsland-Reisen-Arena des Traditionsclubs MSV Duisburg hat sich deren Bauherr Walter Hellmich mit dem Seehaus ein weiteres Denkmal gesetzt. Während das edle Restaurant schon ein wenig an den gleichnamigen Schicki-Micki-Treff im Englischen Garten zu München erinnert, sitzen auf den Holzbänken des riesigen Selbstbedienungs-Biergartens alle Schichten dicht beisammen und genießen bei einem kühlen Blonden aus dem Duisburger Norden den Ausblick auf den Bertasee sowie am Wochenende die Liveübertragungen aus der Fußball-Bundesliga.

Adresse | Bertaallee 7, 47055 Duisburg,
Tel. 0203/280 92 40, Fax 0203/280 92 58,
info@seehaus-wedau.de, www.seehaus-wedau.de
Öffnungszeiten | Mo.–Fr. 11–22, Sa. & So. 11–23 Uhr
Sitzplätze | 2.000
Parkplatz | am Haus
Kinder | Rutsche und Sandkasten
ÖPNV | HS MSV-Stadion, 923, 934
Bier | König, Frankenheim, Maisel's
Spezialitäten | Schnitzel, Currywurst

Tipp | Der Hochseilgarten der Wasserwelt Wedau im Sportpark Duisburg verfügt über mehrere Parcours mit unterschiedlichen Schwierigkeitsgraden, die auch den Parallelkanal überqueren. Balanciert wird auf Seilen und schwankenden Burmabrücken, man hangelt sich Netze hoch, erklimmt Pfähle.

31 XXL-Sportcenter

Der neue Mega-Sportkomplex im Duisburger Süden bietet vielfältige Möglichkeiten der Leibesertüchtigung, vereinigt er doch alle Trendsportarten unter einem Dach. Und wer regelmäßig Sport treibt, der darf auch ohne Reue ein Bierchen trinken. Dabei hat der XXL-Kunde die Qual der Wahl: Entweder setzt er sich in den rustikalen Köpi-Biergarten, oder er wählt seinen Platz im Außenbereich des Restaurants 28 Süd im amerikanischen Stil. Der Gerstensaft und das Essen sind jedoch identisch. Kinder können sich auf dem großen Spielplatz mit Piratenschiff austoben, im Sommer finden immer wieder Veranstaltungen statt.

Adresse | Am Neuen Angerbach 28, 47259 Duisburg, Tel. 0203/75 85 100, info@bowlxxling.de, www.koepi-biergarten.de
Öffnungszeiten | Mo.–Fr. ab 10, Sa. & So. ab 9 Uhr
Sitzplätze | 300 (2 Bereiche)
Parkplatz | am Haus
Kinder | großer Spielplatz mit Piratenschiff
ÖPNV | HS Am großen Graben, 940, 941
Bier | König, Köstritzer, Franziskaner
Spezialitäten | Grillspezialitäten, Flammkuchen

Tipp | Minigolf mal etwas anders bietet das Moonlight Minigolf im XXL-Sportcenter, denn hier wird komplett unter Schwarzlicht gespielt. Das Moonlight verfügt über 27 Bahnen, 9 Außenbahnen und 18 Innenbahnen mit vier verschiedenen Themenwelten.

32 Appelhannes

Noch immer als Gemeintipp gilt der Appelhannes in Bergerhausen. Dabei ist die Kultkneipe von Norbert Bethscheider und Angelika Wetzchewald seit Generationen ein beliebter Treffpunkt, um an lauschigen Sommerabenden beim kühlen Bier den schönen Blick auf die Ruhr und das Steeler Wehr zu genießen. Nostalgiker erinnern sich noch immer gern an den steilen und oft dornigen Fußweg hinauf zum Fünfkirchenblick, der allerdings inzwischen von der Natur zurückerobert wurde. Nun geht's bequemer mit dem eigenen Wagen oder mit dem Fahrrad.

Adresse | Fünfkirchenblick 103, 45136 Essen, Tel. 0201/54 50 664, info@appelhannes.com, www.appelhannes.de
Öffnungszeiten | Mo.–Fr. 17–24, Sa. & So. 15–24 Uhr (April–September)
Sitzplätze | 100
Parkplatz | in der Nähe
Kinder | Sandkasten und Trampolin
ÖPNV | HS Dinnendahlstr., 103, 109 (10 Min. Fußweg)
Bier | König, Krombacher, Frankenheim, Erdinger, Becks alkoholfrei
Spezialitäten | Gefüllte Teigtaschen, Tapas-Teller

Tipp | Das Museum Folkwang ist nicht erst seit der Neueröffnung 2010 das kulturelle Highlight der Stadt. 1902 von Karl Ernst Osthaus in Hagen gegründet, war es das erste Museum für zeitgenössische Kunst in Europa. 1922 wurden die wichtigsten Bestände nach Essen verlegt und die Sammlungen auf höchstem Niveau fortgesetzt. Dank der Millionen der Krupp-Stiftung wurde das Museum nach Plänen des englischen Architekten David Chipperfield neu gebaut und setzt mit unterschiedlichen Ausstellungen internationale Maßstäbe.

33 Bahnhof Süd

Morgens Frühstück, danach vielleicht einen Kaffee, abends Biergarten und nachts Disco. Im Bahnhof Süd kommt eigentlich jeder auf seine Kosten. Zwar hält hier, wie der Name schon sagt, noch immer die S-Bahn-Linie 6, doch der Verkehrslärm der Bahn und der Rellinghauser Straße, von einer Hecke ein wenig gedämpft, stört niemanden. Unter der Leitung von Wirt Thomas Draheim steht der Bahnhof Süd seit 24 Jahren für Kontinuität und ist zugleich Kult. Zu zivilen Preisen trifft sich hier Jung und Alt und lässt sich die zahlreichen Biersorten oder mediterranen Speisen schmecken.

Adresse | Rellinghauser Str. 175, 45128 Essen,
Tel. 0201/23 65 75,
event@bahnhof-sued.de, www.bahnhof-sued.de
Öffnungszeiten | So.–Do. 10–1, Fr. 10–2, Sa. 10–3 Uhr
Sitzplätze | ca. 180 Plätze
Parkplatz | an der Straße
Kinder | kein Spielplatz
ÖPNV | HS Bhf Süd, S 6, 105
Bier | Stauder, Frankenheim, Guiness, verschiedene Weizen- und alkoholfreie Biere
Spezialitäten | gebackener Schafskäse mit Zaziki und Fladenbrot

Tipp | In der Parkanlage am Moltkeplatz ist Kunst „begreifbar" geworden. Der Verein Kunst am Moltkeplatz, der sich aus Bewohnern des Stadtviertels zusammensetzt, hat 2007 die Patenschaften für acht Skulpturen auf dem Moltkeplatz übernommen. Seit 2009 organisiert der Verein Wechselausstellungen junger bildender Künstler und gibt ihnen die Möglichkeit, im Rahmen des Projektes „junge Kunst am Moltkeplatz" neben den anderen Skulpturen ihre eigenen Werke für eine begrenzte Zeit auszustellen.

34 Bootshaus Ruhreck

Zünftig geht's hier vor allem in der kühlen Jahreszeit zu, wenn die Mannschaft des Bootshauses Ruhreck zur Tafelrunde einlädt. Gespeist wird stilecht mit Finger oder Dolch, und keiner geht hungrig heim. Sommertags ist die Stimmung in Lokal und Biergarten gesitteter, doch auch dann geht niemand früh nach Hause. Zu schön ist der Blick über die Ruhr, den Radler und Spaziergänger bei deftigen Speisen unter den knorrigen alten Bäumen genießen. Und so mancher Pedalritter beendet die direkt am Haus entlang laufende „Kaiserroute" eher als ursprünglich vorgesehen.

Adresse | Langenberger Str. 1, 45277 Essen,
Tel. 0201/58 47 58, Fax 02327/176 37,
mail@bootshaus-ruhreck.de, www.bootshaus-ruhreck.de
Öffnungszeiten | Mo.–Fr. 10–23 Uhr, Sa. & So. 9–23 Uhr
Sitzplätze | 160
Parkplatz | auf der Straße
Kinder | kein Spielplatz
ÖPNV | HS Kurt-Schumacher-Brücke, 144, 166, 177
Bier | Krombacher, Rhenania, Staropramen, Maisel's
Spezialitäten | Pfannkuchen, Sauerkrautschmaus

Tipp | Um die Kaiserroute zu bewältigen, braucht es mehr als nur ein wenig Kondition. Die Radstrecke, die auf den Spuren Karls des Großen im 8. Jahrhundert von Aachen nach Paderborn führt, ist nämlich stattliche 480 km lang. Bei Kilometer 250 erreicht die Route, die dem Kriegszug des fränkischen Heers gegen die Sachsen entlang verläuft, den Essener Stadtteil Kupferdreh. Und der Hobby-Radler kann über Heisingen, Steele und Burgaltendorf in Richtung Niederwenigern immerhin gemütliche 15 Kilometer „Kaiserroute light" abstrampeln.

35 Dampfe

An lauen Sommerabenden kann es schon mal eng werden in der Dampfe. Denn das großzügige Gelände rund um die alte Kronen-Brauerei gilt als *der* Biergarten im Großraum Borbeck. Die Bäume bieten genügend Schatten vor der Sonne, die Kellner mit ihren prall gefüllten Tabletts und der Außenausschank lassen fast bayrisches Biergarten-Flair aufkommen. Aus Maßkrügen wird zwar nur selten getrunken, dafür kann die Dampfe mit drei Haustrunk-Spezialitäten, dem hellen Dampf-, dem bernsteinfarbenen Salon- und dem unfiltrierten Zwickelbier aufwarten. Und vielleicht kommt irgendwann doch noch einmal der Tag, an dem der riesige SB-Biergarten im Hof wieder eröffnet wird.

Adresse | Heinrich-Brauns-Str. 9–15,
Tel. 0201/63 00 70, Fax 0201/63 00 722,
info@dampfe.de, www.dampfe.de
Öffnungszeiten | So.–Do. 11–24, Fr. & Sa. 11–1 Uhr
Sitzplätze | 500
Parkplatz | am Haus
Kinder | Rutsche und Schaukel
ÖPNV | HS Borbeck Bf, RE 14, S 9, 103, 140, 143, 160, 170, 185, 186, NE 12, NE 15
Bier | Dampf-, Salon- und Zwickelbier, Stauder, Schneider
Spezialitäten | Spanferkel-Rollbraten,
Bauern-Bratwurst auf Sauerkraut

Tipp | In Sichtweite der Dampfbierbrauerei liegt das Schloss Borbeck. Das Wasserschloss geht auf einen fränkischen Oberhof des Damenstifts Essen namens Bort(h)beki zurück, der erstmals im 9. Jahrhundert erwähnt wurde. Ab dem 14. Jahrhundert war das Schloss bevorzugte Residenz der Essener Fürstäbtissinnen und erhielt seine heutige Gestalt im 18. Jahrhundert. Seit den 1980er Jahren wird es als Ort für kulturelle Veranstaltungen und Angebote genutzt. Angrenzend lädt der Schlosspark mit seinen beiden großen Spielplätzen zum Verweilen ein.

36 Fährhaus Rote Mühle

Schon im 18. Jahrhundert wussten die Essener die strategisch günstige Lage am Ruhrufer zu nutzen und versorgten im 1752 gebauten Fährhaus Rote Mühle die Ruhrschiffer. Die sind natürlich längst verschwunden, und auch die Zeit der Kumpels, die von hier aus zur Zeche Helene übersetzten, ist Geschichte. Geblieben ist das idyllische Fachwerkhaus mit seinem gemütlichen Biergarten direkt an der Ruhr. Und so mancher, der bei seiner sommerlichen Radtour nur einen kleinen, durstlöschenden Zwischenstopp einlegen wollte, saß kurze Zeit später vor einem kompletten Mittagsmahl.

Adresse | Rote Mühle 1, 45259 Essen,
Tel. 0179/48 74 659,
peter.soyk@flyingchef.de, www.faehrhaus-rote-muehle.de
Öffnungszeiten | täglich von 11–23 Uhr
Sitzplätze | 200
Parkplatz | am Haus
Kinder | kein Spielplatz
ÖPNV | HS Rote Mühle, 141, 154, 155 (5 Min. Fußweg)
Bier | Stauder, Diebels, Schneider
Spezialitäten | Schnitzel, saisonale Gerichte

Tipp | Ganz in der Nähe des Fährhauses befindet sich das Schloss Schellenberg. Bereits im 12. Jahrhundert fand es eine erste Erwähnung als Adelssitz. Der älteste Teil des Hauptgebäudes wurde als mittelalterliche Baugruppe im 14. Jahrhundert mit Turm, einem zweigeschossigen Steinhaus und einer Kapelle errichtet. Seit 1970 ist das Schloss an das Land NRW zu Seminar- und Schulungszwecken der Höheren Landespolizeischule Carl Severing vermietet.

37 Finca & Bar Celona

Der Name ist Programm: Die Finca am Ruhrufer zwischen Steele und Heisingen bietet ein wenig Urlaubs-Feeling außerhalb der Ferienzeit. Ob im Cabrio über die Ruhrallee oder mit dem Rad über die „Kaiserroute" angereist – unter freiem Himmel schmeckt das kühle Erfrischungsgetränk in dem weitläufigen Areal besonders gut. Die Kleinen vergnügen sich derweil mit Bobbycars sowie an der Kletterburg. Auch bei sportlichen Großereignissen ist die Finca ein Anlaufpunkt. Da wird der Biergarten kurzerhand in eine Public Viewing-Fankurve umfunktioniert.

Adresse | Westfalenstr. 4, 45136 Essen,
Tel. 0201/59 27 67 37, Fax 0201/59 27 67 38,
essen@finca-bar-celona.de, www.cafe-bar-celona.de
Öffnungszeiten | So.–Do. 9–1, Fr. & Sa. 9–3 Uhr
Sitzplätze | 400
Parkplatz | am Haus
Kinder | Rutsche und Kletterturm, Spielecke
ÖPNV | HS Kunstwerkerhütte, 194
Bier | Krombacher, Stauder, Schöfferhofer
Spezialitäten | Fleischspieße, Tapas-Teller

Tipp | Nur alteingessene Essener können sich noch an die Zeiten erinnern, als an der Kunsthandwerkerstraße noch die Gießerei von Franz Dinnendahl stand. Nur die Fassade im Eingangsbereich an der Westfalenstraße und die Maschinenhalle, die inzwischen zu einer modernen Loftanlange umgebaut wurde, erinnern noch an die Maschinenfabrik Dinnendahls, neben Friedrich Krupp und Friedrich Harkort einer der Pioniere der Industrialisierung im Ruhrgebiet. Er war Konstrukteur der ersten Dampfmaschine, die im Ruhrbergbau auf der Zeche Wohlgemuth in Werden ab 1804 eingesetzt wurde.

38 Gasthaus Alte Fähre

Schon 1867, als das Gasthaus noch „An der Wasserkante" hieß, stärkten sich die Fährmänner der nahe gelegenen Anlegestelle mit deftigem Essen und Bier. Diese Zeiten sind längst passé, aber fast 150 Jahre später wissen auch Radler und Ruhr-Wanderer diese Kombination zu schätzen. An sonnigen Tagen kann es daher im 220 Plätze fassenden Biergarten der Familie Ernst schon mal eng werden. Die Wartezeit auf den nächsten freien Platz lohnt sich allerdings, denn der Ruhrblick und die Küchen-Klassiker entschädigen für die kurze Zeit des Darbens.

Adresse | Zur Alten Fähre 45, 45219 Essen, Tel. 02054/86 512, Fax 02054/83 713, info@alte-faehre.de, www.alte-faehre.de
Öffnungszeiten | täglich 11–23 Uhr
Sitzplätze | 250
Parkplatz | an der Straße
Kinder | Rutsche und Sandkasten
ÖPNV | HS Kettwig vor der Brücke, S 6, 772, 774
Bier | König, Gatzweiler, Köstritzer, Erdinger
Spezialitäten | Endivien mit Blutwurst, Spareribs

Tipp | Wer sich vor oder nach dem Biergartenbesuch sportlich betätigen will, folgt am besten dem Ruhrtal-Radweg, der praktischerweise an der Pforte der Alten Fähre vorbei führt. Von der Quelle im sauerländischen Winterberg bis zum Rhein in Duisburg folgt der Radweg der Spur der Ruhr auf insgesamt 220 Kilometern durch Nordrhein-Westfalen.

39 Haus Großjung

Direkt am Ruhrwanderweg, im äußersten Zipfel Essens, wo eine Schwimmbrücke den Stadtteil Horst mit Bochum-Dahlhausen verbindet, steht das alte Fachwerkhaus aus dem 19. Jahrhundert mit seinem einladenden Biergarten. Nicht nur für die zahlreichen Radler und Wanderer, die hier sinnvoll ihre Freizeit nutzen, sondern auch für die Einheimischen ein beliebter Treff, um unter den Bäumen einen schönen Sommertag ausklingen zu lassen. Speisen lässt es sich dort auch trefflich, seitdem Frank Buchholz der Küche neues Leben eingehaucht hat.

Adresse | In der Lake 20, 45279 Essen,
Tel. 0201/54 18 59,
www.hausgrossjung.de
Öffnungszeiten | Mo.–Fr. 15–22.30, Sa. & So. ab 10.30 Uhr
Sitzplätze | 120
Parkplatz | an der Straße
Kinder | kein Spielplatz
ÖPNV | HS Essen-Horst S 3, 167
Bier | Veltins, König, Budweiser, Frankenheim, Köstritzer, Franziskaner
Spezialitäten | selbstgemachte Nudelgerichte, Salate

Tipp | Das Eisenbahnmuseum Bochum-Dahlhausen lässt die Augen der großen und kleinen Eisenbahnfans leuchten. Die Fahrzeugsammlung umfasst mehr als 150 Schienenfahrzeuge aus der Zeit von 1853 bis zur Gegenwart. So gewinnt man einen umfassenden Überblick über die Entwicklung von Lokomotiven und Wagen der deutschen Eisenbahn. Viele Exponate sind echte Raritäten, da sie nur noch selten oder als einzig erhaltenes Exemplar vor der Verschrottung bewahrt werden konnten.

40 Jagdhaus Schellenberg

Das idyllisch gelegene Jagdhaus Schellenberg ist innen schick und edel, draußen im SB-Biergarten kann man in rustikalerer Umgebung den weiten Ausblick genießen. Hier tummeln sich im Sommer jung gebliebene Spaziergänger und angesichts des umzäunten Spielbereichs auch zahlreiche Familien. Von hier aus erhascht man den unvergleichlichen Tiefblick auf den See, der auf der (bedienten) Terrasse natürlich noch um einiges spektakulärer ausfällt. Dafür lockt der schattige Wirtsgarten mit zivilen Preisen für Gerstensaft, alkoholfreie Kaltgetränke und die begleitenden Speisen. Und zur Happy Hour werktags von 16 bis 18 Uhr ist sogar ein Begleitgetränk im Preis inbegriffen.

Adresse | Heisinger Str. 170a, 45134 Essen, Tel. 0201/43 78 70, Fax 0201/43 78 729, info@jagdhaus-schellenberg.de, www.jagdhaus-schellenberg.de
Öffnungszeiten | Di.–Sa., 14.30–24, So. 12–24 Uhr, Mo. Ruhetag
Sitzplätze | 200
Parkplatz | am Haus
Kinder | Spielplatz mit Rutschbahn und Sandkasten
ÖPNV | HS Schöne Aussicht, 145, 146, 181
Bier | Stauder, Diebels, Schneider
Spezialitäten | Scampispieß mit Ratatouille, Thüringer Bratwurst mit Kartoffel-Gurken-Salat

Tipp | Nur einen kleinen Spaziergang durch den Schellenberger Wald entfernt liegt die Ruine der Neuen Isenburg. Die Anlage wurde um 1240 auf einem etwa 150 Meter hohen Hügel oberhalb der Ruhr erbaut. Doch nur 48 Jahre nach ihrem Bau wurde die Burg bereits wieder zerstört und verfiel danach zu einer Ruine. Die Isenburg ist heute Eigentum der Stadt Essen und kann kostenlos besichtigt werden.

41 Landgasthaus Oefter Wald

Der wohl versteckteste Biergarten Essens liegt im Oefter Wald an der Grenze zu Velbert. Doch das hält die Fans dieses Landgasthauses nicht davon ab, immer und immer wieder den Weg auf die Anhöhen zwischen Kettwig und Heidhausen zu wagen, ob zur rustikalen Hochzeitsfeier in der Partyscheune oder zum derben Rittermahl mit Gauklern. Denn idyllischer kann ein Wirtsgarten kaum liegen. Was auch die kleinen Gäste zu schätzen wissen. Denn hier lässt es sich nach Herzenslust toben, während Mama und Papa sich an den Klassikern der Küche laben.

Adresse | Oefte 21, 45239 Essen, Tel. 0201/40 34 15, landgasthof@oefterwald.de, www.oefterwald.de
Öffnungszeiten | Di.–So. ab 12 Uhr, Mo. Ruhetag
Sitzplätze | 200
Parkplatz | am Haus
Kinder | Spielplatz mit Schaukel und Wippe
ÖPNV | HS Geilinghausweg, 190 (20 Min. Fußweg)
Bier | Stauder, Diebels, Schneider
Spezialitäten | Sauerbraten „Rheinische Art“, Currywurst mit Pommes

Tipp | In Heidhausen, unweit des Oefter Waldes, befindet sich Essens höchster Punkt. An der Preutenborbeckstraße wurden exakt 202,54 Meter über Normalnull gemessen. Wer sich satt gesehen hat an dem herrlichen Ausblick über die Stadt und gerade nicht die Golfschläger für eine Runde auf den beiden Greens des Golf-Clubs Heidhausen dabei hat, der kann zum Pastoratsberg in Werden weiterfahren. Dort befinden sich die Reste eines karolingischen Ringwalls aus dem 9. Jahrhundert, in dem das Pfarrhaus St. Clemens lag.

42 Löwntal

Schon in den 1980er Jahren war das Löwntal eine Institution, in der man sich beim Bier mit kleinen begleitenden Speisen trefflich von den anstrengenden Vorlesungen erholte. Und noch heute, Jahrzehnte später, pilgern die jungen und jung gebliebenen Outdoor-Fans nach Werden, um es sich im gemütlichen kleinen Wirtsgarten vor dem blau-weißen Haus gut gehen zu lassen. Das Löwntal selbst hat in den letzten Jahren einige Verjüngungskuren hinter sich gebracht und firmiert nun unter der Bezeichnung „Restaurant – Bar – Vinothek". Letzteres ist an warmen Sommertagen im Außenbereich allerdings nicht das bevorzugte Getränk.

Adresse | Im Löwental 15, 45239 Essen,
Tel. 0201/49 40 77, Fax 0201/49 40 75,
kontakt@loewntal.de, www.loewntal.de
Öffnungszeiten | Mo.–Fr. ab 17, Sa. ab 15, So. ab 10 Uhr
Sitzplätze | 150
Parkplatz | an der Straße
Kinder | Sandkasten
ÖPNV | HS Essen-Werden, S 6, 169, 180, 181, 190
Bier | Veltins, Frankenheim, Gaffel, Maisel's
Spezialitäten | Flammkuchen, Schnitzel

Tipp | Der Baldeneysee sieht zwar wie ein See aus, offiziell ist er aber nur ein Teil der Ruhr. 1931 wurde er in einem Kraftakt als Wasserreservoir und zur Klärung des Ruhrwassers aufgestaut, heute ist er ein beliebtes Naherholungsgebiet. Neben der Weltelite der Ruderer, Kanuten oder Segler treffen sich bei schönem Wetter Heerscharen von aktiven Freizeitsportlern, um die 14,7 Kilometer lange Runde um den See auf Inlinern, zu Fuß oder auf zwei Rädern zu bewältigen.

43 Lukas

Als der Königlich Preußische Bahnhof zu Kupferdreh 1898 eröffnet wurde, ahnte noch keiner, dass 100 Jahre später rund um das rote Backsteinhaus Radler und Spaziergänger des nahen Baldeneysees eher das Ambiente des „kulinarischen Bahnhofs" genießen würden. Im schmuck renovierten Gebäude geht's etwas edler zu, draußen nimmt man mit Bierbänken vorlieb. Bei kühlen Getränken und Ruhrpott-Klassikern lässt es sich aushalten, Nachtschwärmern sei in den Sommermonaten das Open-Air-Kino mit einer interessanten Filmauswahl empfohlen.

Adresse | Prinz-Friedrich-Str. 1, 45 Essen,
Tel. 0201/84 83 53, Fax 0201/84 83 555,
info@lukas-essen.de, www.lukas-essen.de
Öffnungszeiten | So.–Do. 10–1, Fr. & Sa. 10–2 Uhr
Sitzplätze | 1.000
Parkplatz | an der Straße
Kinder | Sandkasten, Rutschbahn, Trampolin
ÖPNV | HS Prinz-Friedrich-Str., 141, 155, HS Bhf Kupferdreh, S 9
Bier | Stauder, Diebels, Schneider
Spezialitäten | Currywurst, Schaschlik

Tipp | Direkt am Alten Bahnhof Kupferdreh startet die historische Hespertalbahn, eines der letzten lebendigen Denkmäler der Industriegeschichte. Bereits im Jahr 1857 wurde die Schmalspurbahn mit Pferden als Zugkraft erbaut. 1975 gründete sich der Verein zur Erhaltung der Hespertalbahn und nahm mehrere Wagen in seinen Bestand auf. Und eine Fahrt mit der historischen Bahn gehört einfach ins Repertoire eines Eisenbahnfans.

44 Schevener Hof

In den grünen Ruhrauen unter alten Kastanienbäumen sitzen und die Boote im EOC-Yachthafen beobachten: Für viele Ruhris ist das der perfekte Plan für die Gestaltung eines Sommertages. Und so ist der 250 Plätze fassende Biergarten des Schevener Hofes bei schönem Wetter auch immer gut besucht. Hier schmecken Grillteller und das kühle Blonde besonders gut. Mancher Bewohner des Essener Südens macht hier zum ersten Mal die Bekanntschaft mit Salon- und Dampfbier, denn Wirt Homayon Raskhi arbeitete einst in der Borbecker Dampfbierbrauerei.

Adresse | Laupendahler Landstr. 230, 45239 Essen,
Tel. 0201/49 15 08, Fax 0201/89 45 873,
info@schevener-hof.de, www.schevener-hof.de
Öffnungszeiten | täglich ab 12 Uhr
Sitzplätze | 250
Parkplatz | am Haus
Kinder | kein Spielplatz
ÖPNV | HS Papiermühle, 190 (10 Minuten Fußweg)
Bier | Stauder, Schneider, Borbecker Dampf- und Salonbier
Spezialitäten | Grillteller, Wiener Schnitzel vom Kalb

Tipp | Die Basilika St. Ludgerus in Werden geht in ihrem Ursprung auf die Zeit um 800 zurück, als der friesische Missionar und spätere erste Bischof von Münster Liudger hier ein Benediktinerkloster gründete. Die kreuzförmige, dreischiffige Emporenbasilika ist als eines der letzten Monumente romanischer Baukunst im Rheinland. Nach der Säkularisierung von 1802/03 sind zwar viele Schätze der Basilika zerstört worden, einige sind aber noch heute zu besichtigen.

45 Stiege

Einen Ausflug in die Märchenwelt unternahmen die Betreiber der Stiege inmitten der Kettwiger Altstadt: „Stieglein, Stieglein an der Wand, wer hat die leckersten Speisen im Land?" prangt auf einem Schild an dem Fachwerkhaus. Wer den Gastraum durchquert hat, der findet sich plötzlich auf einer pittoresken Dachterrasse wieder. 120 Plätze fasst der XXL-Balkon, dessen Ausblick Erinnerungen an den Film-Klassiker „Über den Dächern von Nizza" weckt. So edel wie an der Côte geht es in Kettwig allerdings nicht zu. Hier ist eher Deftiges angesagt.

Adresse | Kirchtreppe 7, 45219 Essen,
Tel. 02054/83 244, Fax 02054/94 05 85,
post@diestiege.de, www.diestiege.de
Öffnungszeiten | täglich 12–24 Uhr
Sitzplätze | 120
Parkplatz | an der Straße
Kinder | kein Spielplatz
ÖPNV | HS Bürgermeister-Fiedler-Platz, 142, 151, 190
Bier | Veltins, Frankenheim, Budweiser, Franziskaner
Spezialitäten | Spaßteller (Cevapcici und Putenstreifen vom Grill mit mediterranem Gemüse), Baked Potatoes

Tipp | Ein Gang durch die Kettwiger Altstadt weckt Urlaubserinnerungen. Im erst 1975 zu Essen eingemeindeten Stadtteil ist nichts mehr von der Hektik des Ruhrgebiets zu spüren. Verwinkelte Gassen mit schönen Fachwerkhäusern, im Gegensatz zu vielen Straßenzügen der Großstadt von den alliierten Bombern verschont, laden zum Bummeln ein. Interessant: Am Ruhrufer befinden sich die alten Scheidt´schen Tuchfabriken, die sich nach ihrer Schließung 1974 zum Zentrum der Kreativwerkstatt entwickelt haben. Viele Künstler haben hier Ateliers bezogen.

46 Südtiroler Stuben

Schatten spendende Bäume sucht man im Biergarten der aus Südtirol stammenden Wirtsfamilie Pichler vergebens. Plattiert sind die unterschiedlichen Stufen der riesigen Terrasse, wo hungrige und durstige Spaziergänger unter Sonnenschirmen Platz nehmen. Aber dieses gigantische Panorama macht Lust auf einen Urlaub in der nördlichsten Region Italiens. Was nicht nur an den vielen landestypischen Spezialitäten wie Käse- oder Spinatknödel liegt. Wenn der Blick über das glitzernde Wasser mit seinen Segelbooten hinüber zu den Anhöhen schweift, fühlt sich mancher an den Kalterer See erinnert.

Adresse | Freiherr-vom-Stein-Str. 280 a, 45133 Essen, Tel. 0201/47 28 48, 0201/47 25 82, suedtirolerstuben@gmx.net, www.suedtiroler-stuben.de
Öffnungszeiten | täglich ab 10 Uhr
Sitzplätze | 450
Parkplatz | am Haus
Kinder | kein Spielplatz
ÖPNV | HS Essen-Hügel, S 6, 181 (5 Min. Fußweg)
Bier | Paulaner, König
Spezialitäten | Käse- und Spinatknödel, Schlutzkrapfen

Tipp | Hoch über dem Nordufer des Baldeneysees thront die Villa Hügel. 1873 wurde sie von Alfred Krupp errichtet und diente als Wohn- und Repräsentationshaus der Industriellenfamilie Krupp. Die Villa hat 269 Räume und liegt in einem 28 Hektar großen Park mit einem sensationellen Rundblick über das Ruhrtal und den Baldeneysee. Heute finden dort regelmäßig Konzerte oder Ausstellungen statt.

47 Talschänke

Inzwischen groß gewordene Kinder bekommen beim Namen Talschänke glänzende Augen, knarzte doch früher im Biergarten ein kleines Karussell mit lustigen Sitzfiguren. Und reichte das Taschengeld mal nicht aus, half der frühere Inhaber gern aus. Der Pächter hat gewechselt, das Karussell steht noch da, aber es dreht sich nicht mehr. Dann muss jetzt eben die Rutschbahn herhalten. Die Großen ruhen sich derweil auf den rustikalen Holzbänken im sonnigen Biergarten aus und haben die Qual der Wahl, was die Speisen angeht. Wenn es richtig heiß ist, wird der Grill angeworfen.

Adresse | Bedingrader Str. 135, 45359 Essen,
Tel. 0201/69 82 08, Fax 0201/10 999 45,
talschaenke@t-online.de, www.talschaenke-essen.de
Öffnungszeiten | Mo.–Sa. 15–24, So. 11–24 Uhr
Sitzplätze | 120
Parkplatz | am Haus
Kinder | Spielplatz mit Rutsche und Schaukelgeräten
ÖPNV | HS Himmelpforten, 143 (7 Min. Fußweg)
Bier | Warsteiner, Bitburger, Frankenheim,
Köstritzer, Franziskaner
Spezialitäten | Steaks vom Lavastein-Grill, Steinofen-Pizza

Tipp | Von weitem sichtbar ist der Frintroper Wasserturm, das Wahrzeichen des gleichnamigen Ortsteils. Dass er geografisch eigentlich zu Bedingrade gehört ist, ändert nichts am Stolz eines jedes Frintropers. Der 44,15 Meter hohe Riese wurde 1897 erbaut. Nach oben hin schließt der Rundbau mit einem spitzbogigen Fries ab. Aufgesetzt ist ein mit blauen Wellen bemalter, moderner Metallbehälter mit einem Fassungsvermögen von einer Million Litern.

48 Wassergarten im Grugapark

Umgeben von sattem Grün, Palmen und einem Teich mit Wasserfontäne liegt der Wassergarten neben dem Blumenhof, einem der Traditionslokale in der Gruga. Ein Teil des Biergartens mit den typischen Bierzelt-Garnituren ragt wie eine Halbinsel ins Wasser. Hier lässt sich der Sonnenuntergang genießen. Später sind die Wasserflächen beleuchtet und sorgen für eine ganz besondere Atmosphäre. Mittwochs und donnerstags kommt Leben in die Bude, denn einheimische Bands oder DJs sorgen bis in die Nacht hinein für Biergarten-Feeling.

Adresse | Grugapark, Lührmannstr. 70, 45131 Essen, Tel. 0201/85 610 50, info@kur-vor-ort.info, www.wassergarten-essen.de
Öffnungszeiten | Mo.–Fr. ab 15, Sa. & So. ab 13 Uhr
Sitzplätze | 880
Parkplatz | P 7/Tor 2 der Messe
Kinder | Schaukelgeräte
ÖPNV | HS Messe Ost/Gruga, U 11, 142
Bier | Stauder, Diebels, Schneider
Spezialitäten | Nackensteak mit Krautsalat, Currywurst mit Pommes

Tipp | Die Grugahalle am Haupteingang des Grugaparks ist ein Wahrzeichen der Stadt Essen. 1958 wurde der markante Schmetterlingsbau an der Norbertstraße mit einer Sportgala eröffnet. Mehr als 5.000 Veranstaltungen fanden seitdem dort statt, internationale Stars gaben sich die Klinke in die Hand, darunter die Beatles und die Rolling Stones. Weltruhm erlangte die Grugahalle in den 1970er Jahren durch die Liveübertragungen vom Rockpalast-Festival.

49 Wolperding

Trotz des ulkigen Namens landen im Wolperding keine bayerische Fabelwesen, sondern schmackhafte halbe Hähnchen auf dem Teller – und das in unterschiedlichen Geschmacksrichtungen. Neben dem Klassiker der Küche locken noch weitere Gerichte, die man sich im schattigen Biergarten vor der imposanten Kulisse der ehemaligen Elektrowerkstatt mit seiner neogotischen Fassade schmecken lässt. Dabei lässt sich gut die interessante Umgebung bestaunen. Immerhin befindet man sich auf dem Areal der ehemaligen Zeche Bonifacius.

Adresse | Rotthauser Str. 34, 45309 Essen,
Tel. 0201/55 79 599,
www.wolperding-essen.de
Öffnungszeiten | Mo.–Fr. ab 17, Sa. ab 15, So. ab 12 Uhr
Sitzplätze | 200
Parkplatz | am Haus
Kinder | Spielplatz mit Rutsche, Schaukel und Schaukelgeräten
ÖPNV | HS Zeche Bonifacius, 170, 194
Bier | Warsteiner, Frankenheim, Erdinger
Spezialitäten | halbes Hähnchen in 5 Variationen,
Chicken Wings

Tipp | Die Zeche Bonifacius entstand 1857 mit dem Abteufen des ersten Schachtes. Dieser wurde mit einem Malakowturm ausgestattet und nahm 1861 die Förderung auf. 1870 förderten noch rund 600 Beschäftigte in diesem Steinkohlebergwerk jährlich 188.000 Tonnen Kohle. Rund 100 Jahre später wurde die Zeche aufgegeben und fand Mitte der 1990er Jahre eine neue Verwendung. Bemerkenswert sind die ehemaligen Verwaltungs- und Kauengebäude im neugotischen Stil. Aus der einstigen Turbinenhalle wurde die weit über die Stadtgrenzen hinaus bekannte Weinzeche.

50 Heiner's am Nordsternpark

Bisher wurde Gelsenkirchens Stärke vor allem über den FC Schalke 04 definiert, nun soll auch der Herkules, der seit Herbst 2010 auf dem Förderturm der Zeche Nordstern steht, zu einem Symbol für die Region werden. Der Kraftprotz blickt herab auf eine der coolsten Gastronomien im gewandelten Revier. Das Heiner's im alten Magazin der Zeche Nordstern steht für gehobene Gastlichkeit in einer Industriekulisse, im riesigen Biergarten auf dem Vorplatz geht es eher volkstümlich zu. Im Schutz der alten Kastanien wird so manches Fass gelehrt.

Adresse | Am Bugapark 1d, 45899 Gelsenkirchen, Tel. 0209/17 72 222, info@heiners.info, www.heiners-gastronomie.de
Öffnungszeiten | Di.–Do. 11–23, Fr. 11–24, Sa. 9–24, So. 9–23 Uhr, Mo. Ruhetag
Sitzplätze | 1.000
Parkplatz | auf dem Nordstern-Gelände
Kinder | Klettergerüst
ÖPNV | HS Nordsternpark, CE 56, 383
Bier | Stauder, Diebels, Schneider
Spezialitäten | Currywurst, Nackensteak

Tipp | Nach der Stilllegung der Zeche Nordstern im Jahre 1993 wurde das am Rhein-Herne-Kanal gelegene Betriebsgelände grundsaniert und in einen Landschaftspark verwandelt. 1997 fand hier die Bundesgartenschau statt, eine 36 Meter hohe Doppelbogenbrücke überspannt seitdem den Kanal. Neben einem großzügigen Wasser-Spielplatz bietet der Landschaftspark viele Fuß- und Radwege. Im Amphitheater treten regelmäßig nationale und internationale Künstler und Bands auf.

51 Hof Holz/Beckhausen

In Beckhausen an der Stadtgrenze zu Gladbeck befindet sich der Bauernhof Holz, ein integratives Begegnungszentrum in direkter Nachbarschaft zu den Gelsenkirchener Werkstätten für Behinderte. Träger ist seit 2005 der Werkverein Gelsenkirchen, der sich zum Ziel gesetzt hat, den Hof zu einem Treffpunkt für junge und alte, große und kleine Menschen zu machen. Zu dieser Idee vom generationsübergreifenden und integrativen Zusammenleben zählt nicht nur ein Streichelzoo, sondern auch ein attraktives gastronomisches Angebot. So sind die überdachte Hofterrasse und der Biergarten längst mehr als ein Gemeintipp.

Adresse | Braukämperstr. 80, 45899 Gelsenkirchen, Tel. 0209/92 58 59 50, Fax 0209/92 58 59 51, www.hofholz.org
Öffnungszeiten | Di.–So. 9–22 Uhr, Mo. Ruhetag
Sitzplätze | 500
Parkplatz | am Haus
Kinder | Spielplatz, Streichelzoo
ÖPNV | HS Kampstr., 396
Bier | Veltins, Frankenheim, Maisel's
Spezialitäten | Eintöpfe, Grillspezialitäten

Tipp | Nicht nur wegen der ehemaligen Galopprennbahn ist Schloss Horst weit über die Stadtgrenzen hinaus bekannt. Wegen seines damals völlig neuartigen architektonischen Konzepts, der beeindruckenden Großzügigkeit seiner regelmäßigen quadratischen Anlage mit mächtigen Ecktürmen sowie der qualitätsvollen Bauskulptur und Ornamentik im Stile der Renaissance gilt Schloss Horst trotz enormer Bausubstanzverluste durch Verfall und Abbruch im 19. Jahrhundert heute als wichtigster Renaissancebau des Ruhrgebiets.

52 Liebevoll im Stadtgarten

Die beiden Bettentürme des Hotels Maritim weisen den Weg zum Stadtgarten. Als erste Anlage dieser Art in Gelsenkirchen wurde er 1897 auf der Fläche des ehemaligen Bauernhofes Schalke hergerichtet. Seitdem ist dort Entspannung angesagt. Besonders beliebt bei Familien ist der Teich mit seinen Fontänen, Schwänen und Enten sowie das Restaurant Liebevoll mit seinem ruhig gelegenen Biergarten. Während die Kleinen im Sandkasten spielen, genießen die Großen ein kühles Blondes sowie Spezialitäten vom Grill.

Adresse | Zeppelinallee 21, 45879 Gelsenkirchen,
Tel. 0209/24 391,
info@liebevoll-stadtgarten.de, www.liebevoll-stadtgarten.de
Öffnungszeiten | Di.–Sa. ab 15, So. ab 11 Uhr, Mo. Ruhetag
Sitzplätze | 200
Parkplatz | am Haus
Kinder | überdachter Sandkasten
ÖPNV | HS Feldmarkstr. 107 (7 Min. Fußweg)
Bier | Stauder, Diebels, Schneider
Spezialitäten | Steaks und Fisch vom Grill, Well Fit-Salate

Tipp | In Gelsenkirchen-Feldmark an der Essener Stadtgrenze wurde 1972 der Revierpark Nienhausen eröffnet. Auf dem 30 Hektar großen Gelände befinden sich mehrere Sport- und Spielplätze sowie ein Kinderspielpark. Zum Revierpark gehört ferner das Sport- und Gesundheitszentrum Actifit sowie das Activarium mit Solebädern und Saunen. Anziehungspunkt im Sommer ist das Wellenbad. Das Forum Nienhausen dient als Veranstaltungs- und Begegnungszentrum für Konzerte, Theateraufführungen, Kabarett und Ausstellungen.

53 Brauereihotel Alte Post

In der Gladbecker Innenstadt am Rande der Fußgängerzone gelegen, beherbergt das denkmalgeschützte ehemalige Postgebäude mit seinem Treppengiebel nach umfangreichen Sanierungsarbeiten der ehemaligen Schalterhallen und der Paketannahme ein Brauereihotel mit eigener Hausbrauerei. Die Gäste können wählen zwischen Gladebecker Hell, Gladebecker Dunkel oder einem Pils mit dem ungewöhnlichen Namen Blitzeblank. Bei schönem Wetter sind die 60 Plätze auf der Sonnenterrasse natürlich sehr begehrt.

Adresse | Humboldtstr. 2, 45964 Gladbeck,
Tel. 02043/20 840, Fax 02043/20 84 30,
info@brauhaus-gladbeck.de, www.brauhaus-gladbeck.de
Öffnungszeiten | täglich ab 8.30 Uhr
Sitzplätze | 60
Parkplatz | am Haus
Kinder | Spielecke im Haus
ÖPNV | HS Willy-Brandt-Platz und Goetheplatz,
91, 258, 259, NE 2
Bier | Gladebecker Hell und Dunkel, Blitzeblank
Spezialitäten | Flammizza, Rösti-Variationen

Tipp | Nur wenige hundert Meter entfernt von der Gladbecker City beginnt der Stadtwald, ein 91 Hektar großes Naherholungsgebiet mit dem Wasserschloss Wittringen als Hauptattraktion. Seine Wurzeln reichen bis ins 13. Jahrhundert zurück. Im Schloss befindet sich das Stadthistorische Museum Gladbecks, das in die Entstehungsgeschichte der Menschen im Allgemeinen oder auch der Kohleregion insbesondere einführt. Von der Terrasse aus hat man einen direkten Zugang zur Vogelinsel mit verschiedenen Arten von exotischen Vögeln wie etwa Papageien und Beos.

54 Lakeside Inn

Ein warmer Tag am riesigen Halterner Stausee lässt wahrlich Urlaubsgefühle aufkommen, auch wenn das Gedränge bisweilen riesengroß ist. Wenn man über den Parkplatz schlendert, könnte man meinen, das halbe Münsterland und das gesamte nördliche Ruhrgebiet sind binnen weniger Stunden hier eingefallen. Beliebtes Ausflugsziel ist das Lakeside Inn. An Halterns schönstem Strand an der Stevermündung liegen die Leute lässig im Strandkorb, vergraben die Zehen im Sand und genießen bei einem spritzigen Cocktail oder knusprigen Chicken Wings den American Way of Life. Partyfans kommen an jedem ersten Freitag im Monat bei der Lake Night auf Ihre Kosten.

Adresse | Stockwieser Damm 291, 45721 Haltern am See, Tel. 02364/50 60 80, Fax 02364/50 60 829, info@lakesideinn.de, www.lakeside-inn.de
Öffnungszeiten | So.–Do. 9–1, Fr. & Sa. 9–Ende offen
Sitzplätze | 300
Parkplatz | am Haus
Kinder | Spielplatz
ÖPNV | HS Haus Niemen, 272
Bier | Veltins, Fosters, Frankenheim, Miller
Spezialitäten | Spare Ribs, Chicken Wings

Tipp | Der Halterner Stausee wurde 1930 erbaut, fasst 20,5 Millionen Kubikmeter Wasser und gehört der Gelsenwasser AG. Gestaut werden die Stever und der Halterner Mühlenbach. Am Ufer direkt neben der Antoniusbrücke kann man Tretboote ausleihen. An der Stever, die in den Stausee mündet, lassen sich auch Kajaks mieten, mit denen man über den Mühlbach bis in das Münsterland vorstoßen kann. Der Stausee lässt sich allerdings auch bequem mit dem Fahrrad umrunden. Der nahe gelegene Hullerner See bietet darüber hinaus wunderschöne Wege für Wanderer und Jogger.

55 Park's

Östlich der Herner Innenstadt liegt der Stadtgarten mit seinen Freizeit- und Sporteinrichtungen sowie dem über die Stadtgrenzen hinaus bekannten Parkhotel, das gleich drei gastronomische Angebote macht. Im Parkrestaurant wird eine gehobene Küche angeboten, das Bistro ist für den gemütlichen Absacker und Gespräche im Freundeskreis gedacht, und der angrenzende Biergarten ist bei schönem Wetter der In-Treff in Herne mit Grillen und Livemusik. Wenn's richtig warm ist, lädt Ulrich van Dillen zum spanischen Abend mit hausgemachter Paella und Sangria.

Adresse | Schaeferstr. 109, 44623 Herne,
Tel. 02323/955 333,
rezeption@parkhotel-herne.de, www.parkhotel-herne.de
Öffnungszeiten | Mo.–Sa. ab 17, So. ab 15 Uhr
Sitzplätze | 500
Parkplatz | am Haus
Kinder | Spielplätze für kleine und große Kinder
ÖPNV | HS Am Stadtgarten, 311 (5 Min. Fußweg)
Bier | Bitburger, Frankenheim, Köstritzer, Erdinger
Spezialitäten | Grillspezialitäten, Paella

Tipp | Der Revierpark Gysenberg im Herner Süden wurde 1970 gegründet und war die erste Anlage dieser Art im Ruhrgebiet. Zum Freizeitangebot des Parks gehören ein Sol-, Wellen- und Freibad mit einer umfangreichen Saunalandschaft, ein Veranstaltungsgebäude, das Freizeithaus, eine Sporthalle, eine multifunktionale Veranstaltungs- und Eislaufhalle sowie das Kinderspielhaus Pfiffikus. Auf dem Freiluftgelände sind neben den großen Wiesenflächen eine Go-Kart-Bahn, eine Minigolfanlage, ein Streichelzoo, Teiche für Ruderbootfahrten, Beachvolleyball-Felder sowie ein Spazierwegenetz zu finden.

56 Hotel Loemühle

Unweit der A 43-Ausfahrt Marl-Sinsen liegt die historische Loemühle, eingebettet in eine wunderbare See- und Parklandschaft. Die alte Mühle gibt es zwar nicht mehr, dennoch gleicht das Anwesen einer Postkarten-Idylle. Das alte Mühlrad klappert noch immer und sorgt für eine angenehme Begleitmusik der Gäste, die sich auf der Terrasse niedergelassen haben. Der Außenbereich erstreckt sich zwischen der alten Fachwerk-Fassade des Restaurants und dem Mühlbach, der von einer kleinen Natursteinmauer abgetrennt wird. Nachmittags gibt's Kaffee und Kuchen, abends ist Barbecue angesagt.

Adresse | Loemühlenweg 221, 45770 Marl,
Tel. 02365/41 450, Fax 02365/41 45 199,
rezeption@hotel-loemuehle.de, www.loemuehle.com
Öffnungszeiten | täglich 12–22 Uhr
Sitzplätze | 120
Parkplatz | am Haus
Kinder | kein Spielplatz
ÖPNV | HS Zur Loemühle, Bus 220 (10 Min. Fußweg)
Bier | Stauder, Veltins, Diebels, Schneider
Spezialitäten | Loemühlensteaks, Westfälischer Gemüsetopf

Tipp | Der nur zwei Kilometer entfernte Flughafen Loemühle ist auch wegen seines Restaurants inklusive Biergarten ein beliebtes Freizeitziel für Ausflügler aus dem umliegenden Münsterland und Ruhrgebiet. Ein attraktives Fotomotiv sind die Fallschirmspringer.

57 Averdunkshof

Mit dem größten Hofbräu-Biergarten außerhalb des Freistaates hatte der Averdunkshof bis vor kurzem auf seiner Homepage geworben. Das bayerische Element konnte sich am Niederrhein jedoch nicht durchsetzen, und so fließt nun heimischer Gerstensaft aus Duisburg und Issum aus den Zapfhähnen. Schließlich sind es auch keine Touristen aus Amerika oder Australien, sondern Einheimische, die mit Glaskrügen anstoßen, deftige Kost genießen und sich auf malerische Sonnenuntergänge freuen. Unterdessen toben sich die Kinder auf dem riesigen Abenteuerspielplatz aus. Livemusik und diverse Feste runden das Programm ab.

Adresse | Averdunksweg 28, 47506 Neukirchen-Vluyn, Tel. 02845/941 440, Fax 02845/941 347, info@averdunk-event.de, www.averdunk-event.de
Öffnungszeiten | Di.–Fr. 16–22 Uhr, Sa. 14–22, So. 12–22 Uhr, Mo. Ruhetag
Sitzplätze | 400
Parkplatz | am Haus
Kinder | Abenteuerspielplatz
ÖPNV | HS Gewerbegebiet Nord (7 Min. Fußweg)
Bier | König, Diebels, Erdinger
Spezialitäten | Endivien untereinander mit gebratener Blutwurst, Holzfällersteak

Tipp | In Sichtweite des Averdunkshofes befindet sich die Halde Norddeutschland mit ihrer Himmelstreppe. Über 359 Stufen steigt man auf den 102 Meter hohen Hügel und genießt einen fantastischen Ausblick. In den Abendstunden ist die Treppe illuminiert. Ein Dorado für Wanderer, aber auch für Gleitschirm- und Drachenflieger.

58 Alte Schule

Längst hat man Deutschlands größte Caravan-Meile hinter sich gelassen und wähnt sich bereits kurz vor dem Breitscheider Kreuz, da taucht links am Straßenrand doch noch die Alte Schule auf. Früher wurde hier auf den Bänken sicher so manches lange Gesicht gezogen, seit einem Vierteljahrhundert regiert indes die Fröhlichkeit. Viele Jahre stand Vater Helmut Schmeling hinterm Tresen, inzwischen machen die Söhne Marc und Christoph ihr Ding. Nicht zuletzt wegen des Biergartens hinterm Haus mit seinem eigenen Ausschank erfreut sich die Alte Schule einer großen Beliebtheit.

Adresse | Kölner Str. 191, 45481 Mülheim,
Tel. 0208/48 33 00, Fax 0208/37 76 99 27,
info@schmeling-alte-schule.de, www.schmelingalteschule.de
Öffnungszeiten | Mo.–Sa. ab 17.30 Uhr, So. Ruhetag
Sitzplätze | 200
Parkplatz | am Haus
Kinder | kein Spielplatz
ÖPNV | HS Markenstr., 131, 752, 753
Bier | König, Frankenheim
Spezialitäten | Lasagne, Bratwurstschnecke an dicken Bohnen und Röstkartoffeln

Tipp | 1844 wurden am Rande des damals noch landwirtschaftlich geprägten Dorfes Selbeck, heute Mülheims südlichster Stadtteil, Erzvorkommen entdeckt, hauptsächlich Raseneisenstein und Zink. Die industrielle Ausbeutung des Erzvorkommens begann 1882 durch die Gewerkschaft Selbecker Erzbergwerke in der Grube Neu-Diepenbrock. Bis zur Einstellung des Bergbaus im Jahr 1907 erlebte der Ort eine kurze Blütezeit. Erstmals erhielt Selbeck daher in der Nähe des Bergwerks einen Siedlungsschwerpunkt für die angeworbenen auswärtigen Arbeiter in der Form eines typischen Bergarbeiterdorfes. Straßennamen wie Erzweg oder Glückaufstraße weisen noch heute auf den früheren Bergbau hin.

59 Franky's im Wasserbahnhof

Seit Generationen ist der Wasserbahnhof ein bevorzugtes Ausflugsziel und auf Grund seiner extravaganten Bauweise fast schon ein Wahrzeichen der Stadt Mülheim. Mediterranes Flair umgibt die Besucher, die unter Palmen auf der Promenade flanieren. Während die Fahrgäste der Weißen Flotte ihren Kurzaufenthalt bei Kaffee und Kuchen auf der Terrasse verbringen, nehmen durstige Biker oder Familien im großen Biergarten Platz, um unter schattigen Platanen zu entspannen. An sonnigen Wochenenden ist im Wasserbahnhof häufig Party angesagt, bei Fußball-Großereignissen treffen sich Hunderte im Biergarten zum Public Viewing.

Adresse | Alte Schleuse 1, 45468 Mülheim,
Tel. 0208/388 29 63, Fax 0208/388 29 64,
wasserbahnhof@arcor.de, www.frankys-wasserbahnhof.de
Öffnungszeiten | Mo.–Sa., 15–23.30, So. 12–22 Uhr
Sitzplätze | 500
Parkplatz | am Haus
Kinder | Klettergerüst, Sandkasten
ÖPNV | HS Stadtmitte, 102, 122, 135, 901 (10 Min. Fußweg)
Bier | König, Frankenheim, Franziskaner
Spezialitäten | Holzfällersteak, Bratwurst

Tipp | Das malerische Ruhrtal lässt sich am bequemsten mit der Weißen Flotte Mülheim erkunden. Vier Schiffe verkehren in den Sommermonaten regelmäßig zwischen dem Mülheimer Wasserbahnhof und Kettwig Unterwasser. Auf diesem idyllischen Abschnitt der Ruhr erleben die Passagiere bei einer Schifffahrt Natur und Erholung im Ruhrgebiet. Für besondere Anlässe kann man die Schiffe mieten.

60 Jagdhaus Tannenhof

Ob nun Duisburger Stadtwald oder Broicher Wald – das Grenzgebiet im Südwesten von Mülheim eignet sich vorzüglich für ausgedehnte Spaziergänge und Wandertouren. Zumal sich mitten im Grünen auch noch eine verkehrsgünstig gelegene rustikale Einkehrstation befindet. Die Älteren schwören auf das Tortenangebot des Tannenhofs, die Jüngeren und vor allem Familien lassen es sich gern im Biergarten gut gehen. Das Ziegen-Gehege ist zwar verschwunden, doch Schaukel und Rutsche stellen den Nachwuchs einigermaßen zufrieden.

Adresse | Broicher Waldweg 180, 45479 Mülheim,
Tel. 0208/656 20 767, Fax 0208/656 20 766,
info@jagdhaus-tannenhof.de, www.jagdhaus-tannenhof.de
Öffnungszeiten | täglich ab 12 Uhr
Sitzplätze | 200
Parkplatz | am Haus
Kinder | Schaukel und Rutsche
ÖPNV | HS Uhlenhorst, 102 (5 Min. Fußweg)
Bier | Stauder, Diebels, Schneider
Spezialitäten | Schnitzel und Grillpfanne Tannenhof

Tipp | In unmittelbarer Nachbarschaft des Tannenhofs hat der 1920 gegründete Hockey- und Tennisclub Uhlenhorst Mülheim seine Heimat. Zwei Hockey-Kunstrasenplätze, eine Hockeyhalle, zwölf Tennisplätze und eine Tennishalle stehen den Mitgliedern zur Verfügung. Bekannt geworden ist der Verein durch seine Hockeyabteilung. Mit 16 nationalen Titeln auf dem Feld sind die „Uhlen" Deutscher Rekordmeister. Zwischen 1988 und 1996 holte der Club neun Mal in Folge den Europapokal der Landesmeister ins Ruhrgebiet.

61 Landgasthof Mühlenbach

Offiziell liegt der Landgasthof auf Mülheimer Hoheitsgebiet, doch wird er von Essenern und Oberhausenern gleichermaßen für sich beansprucht. Mit Kind und Kegel und vor allem mit Fahrrädern fallen die Anrainer des Hexbachtals an lauen Sommerabenden sowie an Wochenenden im Drei-Städte-Eck ein. Ältere Semester bevorzugen einen Platz auf der Terrasse, wo sie à la carte bedient werden, Familien und Freunde der Biergarten-Kultur halten indes Ausschau nach freien Plätzen auf den rustikalen Bänken des SB-Bereichs, bevor sie sich in der Schlange am Bierstand einreihen. Die Kinder sieht man nur, wenn das Essen auf dem Tisch steht.

Adresse | Mülheim, Hexberg 58,
Tel. 0208/995546,
muehlenbach@arcor.de, www.landgasthof-muehlenbach.de
Öffnungszeiten | Di.–Sa. ab 17, So. ab 12 Uhr, Mo. Ruhetag
Sitzplätze | 150
Parkplatz | am Haus
Kinder | Schaukel, Rutsche und Streichelzoo
ÖPNV | HS Priesterhof, 143 (5 Min. Fußweg)
Bier | Veltins, Franziskaner
Spezialitäten | Riesenschnitzel, Currywurst mit Pommes

Tipp | Im westlichsten Zipfel von Essen an der Grenze zu Oberhausen plätschert der Läppkes Mühlenbach friedlich vor sich hin. Dabei war der Bach einst eine richtige Köttelbecke. Ende der 1980er Jahre schob die Politik hier die erste Renaturierung im westlichen Ruhrgebiet an. Heute dient der Grüngürtel, der inzwischen eine vielfältige Flora hervorgebracht hat, vielen Grenzgängern als Spazierweg. Am Wegesrand blieb ein Teilstück des damaligen Kanalbettes als Erinnerungsstück erhalten.

62 Liebfrauenhof

Wer eine ländlich gelegene Jausenstation für die Familienwanderung am Sonntagnachmittag oder einen rustikalen Hof für einen runden Geburtstag sucht, der ist hier absolut an der richtigen Adresse. Das Café und Restaurant im idyllischen Rumbachtal wird seit 1974 von Ursel und Udo Wittenberg geführt, seit 1992 ist Sohn Maik der Küchenchef. Im Sommer sitzen die Gäste im Biergarten und genießen nicht nur das deftige Essen und die kühlen Getränke, sondern auch die Fachwerkhaus-Kulisse und die Ruhe mitten im Landschaftsschutzgebiet.

Adresse | Dümpelweg 38, Mülheim, Tel. 0208/37 39 64, info@liebfrauenhof.de, www.liebfrauenhof.de
Öffnungszeiten | Fr. 15–22, Sa.–Mi. 11–22 Uhr, Do. Ruhetag
Sitzplätze | 200
Parkplatz | am Haus
Kinder | kein Spielplatz
ÖPNV | HS Parsevalstr., 104 (10 Min. Fußweg)
Bier | König, Warsteiner, Frankenheim, Erdinger
Spezialitäten | Bauernpfanne, Rumpsteaks

Tipp | Die ersten Flugzeuge landeten bereits 1919, doch offiziell eröffnet wurde der Flughafen Essen/Mülheim im Grenzgebiet der beiden Städte erst 1925. Inzwischen finden auf der 1.553 Meter langen Start- und Landebahn jährlich fast 50.000 Flugbewegungen statt, rund 50.000 Passagiere werden abgefertigt. Der Flughafen ist vor allem ein Schulflughafen, Linienflugverkehr und Touristik-Charter gibt es in Essen/Mülheim nicht. Markantes Merkmal des Flughafens ist die grüne Luftschiffhalle des Unternehmens WDL.

63 Schneider Wibbel

Zunächst einmal ein Satz zur Aufklärung: Schneider Wibbel ist der Titel eines Theaterstückes von Hans Müller-Schlösser, das 1913 am Düsseldorfer Schauspielhaus uraufgeführt wurde. Der Mülheimer indes verbindet mit diesem Namen eine Saarner Kneipeninstitution. Es hat schon Charme, in einem alten Fachwerkhaus von 1756 sein sonntägliches Mittagsmahl einzunehmen. Wenn im Sommer die Tische und Stühle rausgestellt werden, dann wirkt das Ganze noch ein wenig pittoresker, und die Bürger aus dem Dorf kehren auf zwei, drei Mölmsch im Biergarten ein.

Adresse | Düsseldorfer Str. 9, 45481 Mülheim, Tel. 0208/48 82 78, www.schneider-wibbel-muelheim.de
Öffnungszeiten | täglich ab 11 Uhr
Sitzplätze | 80
Parkplatz | am Haus
Kinder | kein Spielplatz
ÖPNV | HS Klostermarkt, 132, HS Friedrich-Freye-Str., 133, 752 (5 Min. Fußweg)
Bier | Mölmsch, König, Diebels, Weihenstephan
Spezialitäten | diverse Salate und Schnitzel

Tipp | Der grüne Auberg im Südosten von Mülheim ist seit jeher ein beliebtes Ziel von Wanderern und Spaziergängern und bietet einen schönen Ausblick auf das weite Ruhrtal. Der Höhenzug umfasst eine Fläche von 120 Hektar, die in großen Teilen unter Naturschutz steht. Unter den geschützten Bereichen befindet sich auch eine Orchideenwiese, auf der in den Frühlingsmonaten prächtige und seltene heimische Arten blühen.

64 Tomate

Am Ende des Jahres, da schmecken die importierten Tomaten noch wässrig und fad. Wenn dann jedoch der Sommer naht und auch unsere Breiten von der Sonne verwöhnt werden, dann mundet die rote Frucht plötzlich fruchtig und süß. So ähnlich verhält es sich mit der Location gleichen Namens am Ostufer der Ruhr. Im vergangenen Herbst wirkte alles etwas angestaubt und muffig. Dann haben jedoch die neuen Inhaber das Restaurant inklusive Biergarten frisch renoviert, und die Frühjahrs-Sonnenanbeter waren angenehm überrascht vom Glanz der Freiluft-Oase.

Adresse | Dohne 74 a, 45468 Mülheim,
Tel. 0208/38 63 200,
info@tomate-muelheim.de, www.tomate-muelheim.de
Öffnungszeiten | Mo.–Do. 12–22, Fr. & Sa. 9–23, So. 9–22 Uhr
Sitzplätze | 100
Parkplatz | am Haus
Kinder | kein Spielplatz
ÖPNV | HS Floraweg, 151, HS Wasserstr., 110 (4 Min. Fußweg)
Bier | Radeberger, Jever, Schlösser, Mölmsch,
Sion, Schöfferhofer
Spezialitäten | Gyros-Tomate-Spezial, Flammkuchen

Tipp | Der Bismarckturm in Mülheim steht auf dem Kahlenberg. Gewidmet ist er der Erinnerung an Reichskanzler Otto von Bismarck. Am 1. April 1909, dem Geburtstag des Eisernen Kanzlers, wurde der Aussichtsturm eingeweiht. Als er in den 1970er Jahren für eine Hochhaus-Bebauung abgerissen werden sollte, setzte sich die Mülheimer Bevölkerung mit überwältigender Mehrheit für seinen Erhalt ein. Seit 1998 ist er wieder regelmäßig für Besucher geöffnet. Im Untergeschoss hat der Mülheimer Bildhauer Jochen Leyendecker sein Atelier eingerichtet.

65 Brauhaus Zeche Jacobi

Der Name Zeche Jacobi steht für die Bergbautradition des Reviers. 1912 auf dem Feld Neu-Oberhausen abgeteuft, förderte die Doppelschachtanlage bis 1979 Kokskohle. Während das ehemalige Zechengelände heute als Golfplatz genutzt wird, wurde 1996 etwa drei Kilometer südlich auf dem ehemaligen Thyssen-Gelände der wohl größte Strukturwandel der Region vollzogen. Dort entstand das moderne Einkaufszentrum CentrO inklusive riesiger Gastro-Promenade. Auf der anderen Seeseite liegt das Brauhaus Zeche Jacobi, das neben deftiger Kost und süffigem Haustrunk einen riesigen Biergarten zu bieten hat.

Adresse | Promenade 30 (CentrO), 46047 Oberhausen, Tel. 0208/80 22 00, Fax 0208/80 22 10, post@brauhaus-zeche-jacobi.de, www.brauhaus-zeche-jacobi.de
Öffnungszeiten | So.–Do. 10 bis 0.30, Fr. 10–2, Sa. 9–2 Uhr
Sitzplätze | 1.500
Parkplatz | am CentrO
Kinder | kein Spielplatz
ÖPNV | HS Neue Mitte, SB 90-96, 112, 185, 953
Bier | Grubengold, Mulvany's, Ruhrpott, Weizengold
Spezialitäten | Schweinebraten & Schweinshaxe mit Grubengoldsauce

Tipp | Der Gasometer ist mehr als ein Industriedenkmal. Seit seiner Stilllegung vor 20 Jahren hat er sich zum Wahrzeichen der Stadt Oberhausen und darüber hinaus zum unübersehbaren Erkennungszeichen einer ganzen Region entwickelt. Ende der 1920er Jahre erbaut, erinnert Europas größter Scheibengasbehälter an die Schwerindustrie, die mehr als ein Jahrhundert lang das Ruhrgebiet geprägt hat. Heute liefert er einen einzigartigen Rahmen für Ausstellungen, Theater oder Musik, als Veranstaltungsort hat er Künstler von internationaler Bedeutung inspiriert.

66 Uerige

Der Uerige ist für die meisten Ruhris die fast 150 Jahre alte Kult-Brauerei in der Düsseldorfer Altstadt. Dort dreht der Köbes in schöner Regelmäßigkeit seine Runden und sorgt für Altbier-Nachschub, aber auch für Mettschnittchen als Grundlage. Ganz so lange gibt es die Dependance noch nicht, trotzdem ist auch sie aus der Oberhauser City nicht mehr wegzudenken. Viele gehen seit Jahrzehnten dort hin, der Biergarten vor der Haustür hat schon Stammtisch-Charakter.

Adresse | Friedensplatz 13, 46045 Oberhausen,
Tel. & Fax 0208/80 81 43,
info@uerige-ob.de, www.uerige-ob.de
Öffnungszeiten | Mo.–Do. 11–24, Fr. & Sa. 11–2, So. 17–24 Uhr
Sitzplätze | 100
Parkplatz | an der Straße
Kinder | öffentlicher Spielplatz (50 m entfernt)
ÖPNV | HS Hauptbahnhof, 112, 143, 185, 935, 939, 953, 955, 958, 976, SB 90-94, S 3 (5 Min. Fußweg)
Bier | Bitburger, Uerige, Schneider
Spezialitäten | saisonale Gerichte (Spargel, Matjes)

Tipp | Nördlich der Oberhauser Innenstadt, direkt am Ufer des Rhein-Herne-Kanals, befinden sich Schloss Oberhausen und der Kaisergarten, eine weitläufige Parkanlage mit altem Baumbestand und zahlreichen Freizeitmöglichkeiten. Bei Familien besonders beliebt ist der größte kostenfreie Tierpark im Ruhrgebiet. Hier leben Wölfe und Wildschweine, Schafe und Steinböcke. Tische und Bänke laden zum Picknick ein, die Schloss-Gastronomie hat einen netten Biergarten.

67 Hausbrauerei Boente

Was vor mehr als 175 Jahren als kleine Kornbrennerei begann, hat sich heute zum Inbegriff gepflegter Gastlichkeit entwickelt. Seit 1988 ist die Hausbrauerei in der Altstadt von Recklinghausen der Treffpunkt für das bierseelige Volk und weit über die Stadtgrenzen hinaus bekannt. Dabei wird – je nach Geschmack – das Boente's, ein süffiges helles Bier, oder das Spezial, ein dunkles obergäriges Vollbier mit mälzigem Geschmack, geordert. Im Sommer natürlich am liebsten im Biergarten, der täglich ab 12 Uhr geöffnet ist.

Adresse | Augustinessenstr. 4, 45657 Recklinghausen, Tel. 02361/17 609, Fax 02361/18 43 24, info@hausbrauerei-boente.de, www.hausbrauerei-boente.de
Öffnungszeiten | Mo.–Fr. ab 17, Sa. ab 11, So. ab 12 Uhr
Sitzplätze | 300
Parkplatz | Parkhaus gegenüber
Kinder | kein Spielplatz
ÖPNV | HS Herzogswall, 224, SB 23, HS Steintor, 239, 249 (5 Min. Fußweg)
Bier | Boente hell und dunkel
Spezialitäten | Westfälischer Rosenkranz, Boentes Bierkutschersteak

Tipp | Im Stadtgarten Recklinghausen befindet sich das Festspielhaus. 1965 in der Tradition des Bauhausstiles erbaut, wurde es in einer zweijährigen Um- und Ausbauphase zu einer multifunktionalen Begegnungsstätte erweitert. Bekannt wurde es jedoch durch die Ruhrfestspiele. Jedes Jahr im Mai und im Juni steht hochrangige, internationale Kultur auf dem Programm der renommierten Theaterwochen.

68 Paulanergarten am Hotel Bergedick

Das Hotel Bergedick im Süden von Recklinghausen ist nicht nur Touristen oder Geschäftsleuten ein Begriff, sondern auch Konzertgängern. Gleich nebenan liegt die Vest Arena, in der regelmäßig Stars und Sternchen der Musikbranche auftreten oder flotte Partys abgehen. Wer es eher bayerisch gemütlich mag, der ist im hauseigenen Biergarten an der richtigen Adresse. Auf einem Parkgrundstück wurde im Mai 2005 der erste Paulanergarten als bundesweiter Pilotbetrieb eröffnet. Ein Stück Münchner Lebensart mitten im Ruhrgebiet.

Adresse | Hochlarmarkstr., Hellbachstr. 105, 45661 Recklinghausen, Tel. 02361/666 130, Fax 02361/666 250, info@bergedick.de, www.paulaner-recklinghausen.de
Öffnungszeiten | Mo.–Sa. ab 17, So. ab 14 Uhr
Sitzplätze | 300
Parkplatz | am Haus
Kinder | Spielplatz
ÖPNV | HS Hochstr., 210, HS Hochlarmarkstr., SB 20
Bier | Paulaner
Spezialitäten | halbes Hähnchen, Schweinshaxe

Tipp | Sonne, ein paar Strandliegen und Strandkörbe, kühle Getränke und vor allem ganz viel Sand – das gibt es nicht nur auf Mallorca oder auf Ibiza, sondern auch in Recklinghausen. Direkt im Stadthafen am Rhein-Herne-Kanal liegt der Lemon Beach Club, zugleich Wohlfühl-Oase und Event-Location.

69 Rohrmeisterei

Wie vielerorts hat sich auch hier der Strukturwandel positiv ausgewirkt. Einst hatte die 1890 erbaute Pumpstation eine wichtige Funktion für die Trinkwasser-Versorgung des östlichen Ruhrgebiets, später diente sie den Dortmunder Stadtwerken als Werkshalle. Nach der Jahrtausendwende wurde das „Schmuckkästchen" von der gemeinnützigen Bürgerstiftung Rohrmeisterei in ein florierendes Bürger- und Kulturzentrum umgewandelt. Dabei bilden alte Elemente wie Fenster und Kranbahn einen spannenden Kontrast zu den neuen Materialien Glas, Sichtbeton, Holz und Stahl. Während im Restaurant Glaskasten die hohe Schule der Kochkunst zelebriert wird, geht es im Bistro „Unter'm Kran" sowie im Biergarten unter schattigen Bäumen ungezwungen und leger zu.

Adresse | Ruhrstr. 20, 58239 Schwerte,
Tel. 02304/201 3001,
info@rohrmeisterei-schwerte.de, www.rohrmeisterei-schwerte.de
Öffnungszeiten | Mo.–Fr. ab 12, Sa. & So. ab 10 Uhr
Sitzplätze | bis zu 400
Parkplatz | am Haus
Kinder | Spielplatz & Skateranlage
ÖPNV | Schwerte Bf
Bier | Veltins, Hövels, Stauder
Spezialitäten | Salat Rohrmeisterei mit Putenbrust,
Schweinemedaillons in Schwerter Honig-Senf-Sauce

Tipp | Der Kugel-Gasbehälter auf dem Gelände der Stadtwerke Schwerte an der Liethstraße, der 1991 unter Denkmalschutz gestellt wurde, ist ein Stück Geschichte der Gasversorgung der Stadt Schwerte und des Wiederaufbaus nach dem Zweiten Weltkrieg. Durch diesen Kugel-Gasbehälter wurde zwischen 1949 und 1978 die Gasversorgung in Schwerte sichergestellt.

70 Steakhaus Rose

So manchem Revierbürger ist Sprockhövel nur wegen des gleichnamigen Schnapses ein Begriff. Dabei ist die Ortschaft im niederbergischen Hügelland für viele ein Ausflugs- und für Fleisch-Liebhaber ein echter Geheimtipp. In der Rose werden die Hüft-, Rump- und Filetsteaks auf dem Holzkohlegrill zubereitet und schmecken entsprechend rauchig. Ein weiteres Pfund, mit dem Tomislav Juric wuchern kann, ist der lauschige Biergarten, in dem bei schönem Wetter Hochbetrieb herrscht.

Adresse | Hauptstr. 79, 45549 Sprockhövel,
Tel. 02324/97 16 13, Fax 02324/91 69 04,
info@steakhaus-rose.net, www.steakhaus-rose.net
Öffnungszeiten | Di.–Sa. 11.30–14.30 & 17.30–23,
So. 11.30–22 Uhr, Mo. Ruhetag
Sitzplätze | 120
Parkplatz | am Haus
Kinder | kein Spielplatz
ÖPNV | HS Niedersprockhövel Post, 330, 332, 558
Bier | Warsteiner, Duckstein, Diebels, König Ludwig
Spezialitäten | Steaks vom Holzkohlegrill, Balkanspezialitäten

Tipp | Zwischen Hattingen, Wuppertal und Velbert erstreckt sich die Elfringhauser Schweiz. Zwei tiefe Bachtäler, das Deilbachtal und das Felderbachtal, werden von teilweise 300 Meter hohen Erhebungen eingerahmt, zahlreiche Siepen führen von den Berghängen in die Täler.
Ein beliebtes Ausflugsziel ist der Bergerhof. 1482 erstmals urkundlich erwähnt, wurde er von seinen Besitzern als Erlebnis-Bauernhof konzipiert. Hier kann man Ziegen, Esel, Ponys, Pferde und Gänse bestaunen, Erdbeeren pflücken und im Hofladen einkaufen.

71 Rheinwacht Götterswickerhamm

Eine Tour zum Rhein ist für viele Ruhrgebietler der ideale Sonntagausflug, die sieben Kilometer lange Deichpromenade zwischen Walsum und Voerde eine beliebte Spazierroute. Da, wo Vater Rhein zu einer S-Kurve ansetzt, wartet auch schon die Belohnung. Das traditionsreiche Café-Restaurant Rheinwacht liegt unmittelbar an der Promenade. Bei niederrheinischer Küche und einem kühlen Erfrischungsgetränk lässt es sich im großen Biergarten aushalten. Wer nach kurzer Erholung wieder Tatendrang verspürt, der kann nebenan eine Runde Minigolf spielen.

Adresse | Dammstr. 46, 46562 Voerde,
Tel. 02855/30 61 63, Fax 02855/30 61 64,
info@rheinwacht.com, www.rheinwacht.com
Öffnungszeiten | Mo.–Fr., 12–23, Sa. & So. 9–22 Uhr
Sitzplätze | 380
Parkplatz | am Haus
Kinder | Spielplatz & Minigolf
ÖPNV | HS Götterswickerhamm, 81, RFB 81
Bier | König, Frankheim, Köstritzer, Erdinger
Spezialitäten | Sahnehering an Schmorkartoffeln,
Schweinefilet Braumeister-Art

Tipp | Wahrzeichen des alten Rheindorfes Götterswickerhamm ist die Kirche. Das Bauwerk mit dem gedrungenen romanischen Turm und den gotischen Fenstern steht unter Denkmalschutz und gehört zu den bedeutendsten Baudenkmälern der Gegend. Der berühmte preußische Baumeister Carl Friedrich Schinkel war an der Planung und Gestaltung beteiligt. In ihrer etwa 900-jährigen Geschichte hat es immer wieder Verwüstungen, Plünderungen, Brand und Zerfall gegeben. Da die Gemeinde aus eigener Kraft die Erhaltung des Gebäudes nicht leisten konnte, gründete sich 1993 der „Förderverein Baudenkmal Kirche Götterswickerhamm".

72 Kastanie Am Hax

Von der anfänglichen Musik-Kneipe mit vereinzelten Livemusik-Veranstaltungen avancierte die „Kastanie" im entlegenen Drei-Städte-Eck Wetter-Sprockhövel-Gevelsberg zu einer familienfreundlichen Raststätte. Wer an einem sonnigen Sonntagnachmittag auf seiner Cabrio- oder Radtour hier zufällig einkehrt, der wird angetan sein von dem gemütlichen, baumreichen Biergarten mit seiner kinderfreundlichen Ausstattung im ländlichen Niederbergischen Hügelland. Kleiner Nachteil: Leider hat die „Kastanie" freitags und samstags erst ab 19 Uhr geöffnet.

Adresse | Albringhauser Str. 291, 58300 Wetter (Ruhr), Telefon 02335/732 12, info@kastanieamhax.de, www.kastanieamhax.de
Öffnungszeiten | Mo.–Sa. ab 19, So. ab 14 Uhr
Sitzplätze | 120
Parkplatz | am Haus
Kinder | Spielplatz
ÖPNV | HS Am Hax, 592, 593
Bier | Krombacher, Frankenheim, Schöfferhofer, Guinness, Hövels, Budweiser
Spezialitäten | Pizza, Crêpes, Börek

Tipp | Die Burg Volmarstein in Wetter wurde im Jahre 1100 vom Kölner Erzbischof Friedrich I. von Schwarzenburg errichtet. Er wollte damit seine Machtansprüche in Westfalen untermauern. Sie liegt auf einem Bergrücken oberhalb des Mündungsgebiets der Volme in die Ruhr. Heute sind nur noch der markante Rundturm sowie einige weitere Überreste vorhanden. Die Ruine ist gut begehbar, von hier aus hat man einen wunderbaren Panoramablick auf die Stadt Wetter und den Ort Volmarstein.

73 Haus Hohenstein

Wer beim Besuch des Naherholungsgebietes Hohenstein auf sein Auto verzichten will, der sollte gut zu Fuß sein, denn die Ersteigung des felsigen Ausläufers des Ardeygebirges verlangt eine gute Kondition. Hoch über der Ruhr erwartet den Besucher eine interessante Naturlandschaft mit vielfältigen Freizeiteinrichtungen wie dem Hirschgehege oder dem Streichelzoo. Das 1913 im wilhelminischen Stil erbaute Parkhaus war von 1994 bis 2004 ein Seminarzentrum. Im Mai 2009 wurde das Hotel-Restaurant wieder eröffnet, seine Sonnenterrasse mitten im Grünen entschädigt für die Aufstiegsstrapazen.

Adresse | Hohenstein 32, 58453 Witten,
Tel. 02302/58 00 00, Fax 02302/580 00 20
info@hohenstein-witten.de, www.hotel-hohenstein-witten.de
Öffnungszeiten | täglich 12–22 Uhr
Sitzplätze | 250
Parkplatz | am Haus
Kinder | Sandkasten, Wasserspielplatz (500 m entfernt)
ÖPNV | HS Am Hammerteich, 378, 379 (20 Min. Fußweg)
Bier | Warsteiner, Frankenheim, König Ludwig
Spezialitäten | Hubertusschnitzel, Flammkuchen

Tipp | Nur wenige hundert Meter entfernt vom Haus Hohenstein krönt das Berger-Denkmal eine mehr als 100 Meter hohe Felswand. Es wurde im Jahre 1903 errichtet und erinnert an einen herausragenden Politiker der Wittener Stadtgeschichte. Von hier aus genießt man einen tollen Ausblick über das Ruhrtal.

Der Autor

Als bekennender Freund der bayerischen Lebensart erholte sich Michael Köster, Jahrgang 1963, schon in jungen Jahren gern an Stammtischen in Münchner Kult-Biergärten oder auf kargen Holzbänken der Almhütten rund um Garmisch-Partenkirchen vom anstrengenden Studium der Sozialwissenschaften an der Uni Duisburg. Ausgestattet mit dem Weißbierkenner-Ausweis einer oberbayerischen Brauerei sah es der stolze Besitzer von rund 600 verschiedenen Bierkrügen und -gläsern hernach als seine Pflicht an, den Gastronomen seiner Heimatstadt Essen als Lokalredakteur einer großen deutschen Regionalzeitung die segensreiche Erfindung eines Bierausschanks im Freien näher zu bringen. Für besondere Verdienste um diese Art von Kulturgut wurde ihm 2009 das Bierkenner-Diplom verliehen.

FOTONACHWEIS

WAZ-Fotopool: Kerstin Bögeholz (Seite 139), Hans Blossey (S. 119), Walter Buchholz (S. 75, 77), Stefan Eickershoff (S. 59, 63), Olaf Fuhrmann (S. 125), Friedhelm Geinowski (S. 57), Stephan Glagla (S. 135, 137), Jürgen Hein (S. 69, 147, 153), Kerstin Kokoska (S. 79, 91), Rainer Kruse (S. 145), Ulla Michels (S. 77), Franz Naskrent (S. 35), Arnold Rennemeyer (S. 95), Birgit Schweizer (S. 27, 29, 31), Remo Bodo Tietz (S. 103), Ulrich von Born (S. 107), Christoph Wojtyczka (S. 33), Alexandra Umbach (S. 97).

Alle nicht einzeln aufgeführten Fotos stammen von Michael Köster oder den entsprechenden Gastronomien.

Ich danke den Gastronomen, den Sponsoren,
den Verlagsmitarbeitern sowie meiner Frau Petra für ihre
tatkräftige Hilfe und Unterstützung
bei der Realisierung dieser Herzensangelegenheit.

Adolph von Menzel, „Im Biergarten“